JN059253

サクッとこたえあわせ

1

日本の国土とわたしたち①
世界から見た日本の国土

（　　　）にあてはまる言葉や数字を、右の□□に書き

● 地球には（ ① ）つの大陸と3つの大きな海洋がある。

● 日本は（ ② ）大陸の東側にあり、3大洋の1つである
（ ③ ）の西側に位置している。

● 地球儀や地図に引かれているたての線を
（ ④ ）、横の線を緯線という。緯線は、
地球の真ん中にある緯度0度の（ ⑤ ）❶
を基準に、南北に90度ずつ引かれている。

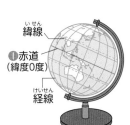

緯線（いせん）
❶赤道（せきどう）（緯度0度）
経線（けいせん）

● 世界の国々は、どの国も自分の国を表すしるしとして（ ⑥ ）
をもっており、それらにはそれぞれ国の由来や理想などの意味
がこめられている。

● 国がもっている陸地のはん囲
を（ ⑦ ）といい、海岸から
（ ⑧ ）海里までの海を領海
という。❷

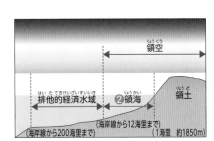

領空（りょうくう）
排他的経済水域（はいたてきけいざいすいいき）
❷領海（りょうかい）
領土（りょうど）
（海岸線から200海里まで）
（海岸線から12海里まで）
（1海里 約1850m）

● 日本は、北海道・（ ⑨ ）・
四国・九州の4つの大きな島と、14000以上の小さな島々か
らなっている。

● 日本の北のはしは択捉島、東のはしは南鳥島、南のはしは
（ ⑩ ）、西のはしは与那国島である。

①
②
③
④
⑤
⑥
⑦
⑧
⑨
⑩

日本は陸地の面積は広くないけれど、海に囲
まれた島国で、たくさんの島があるから、海
岸線の長さは世界で6番目に長いんだ！

きほんの
ドリル
→1。

ステップ2

⏱時間 15分

合格 80点

／100

月　日

サクッと
こたえ
あわせ

答え 71ページ

日本の国土とわたしたち①
世界から見た日本の国土

1 次の問いに答えましょう。　　　　　　　　　　　　　　　　　50点（1つ10）

(1) 次の文中の①・②にあてはまる言葉を書きましょう。

> 地球上の位置は緯度と経度で表すことができる。緯度0度を示す緯線を
> (① 　　　　　　　　) といい、これより北側を (② 　　　　　　　　)、南側を南半球
> という。また、経線は経度0度の線をさかいに東西に180度まで引かれている。

(2) 右の地図について述べた文の
うち、正しいものには○を、ま
ちがっているものには×をつけ
ましょう。

①(　　) オーストラリア大陸
は北半球に位置して
いる。

②(　　) 北アメリカ大陸と南
アメリカ大陸の東側には大西洋が広がっている。

③(　　) 6大陸のうち赤道が通っているのはアフリカ大陸だけである。

2 地図を見て、次の問いに答えましょう。　　　　　　　　　　　50点（1つ10）

(1) 地図中の①・②にあてはまる国名をそれぞれ
書きましょう。

①(　　　　　　　　)
②(　　　　　　　　)

(2) 地図中の⑦で示されている、天然資源の開発
などがその国だけに認められているはん囲を何
といいますか。　(　　　　　　　　)

(3) 次の説明にあてはまる島の名前を地図中から
選んで書きましょう。

① 日本がロシア連邦に返すように求めている日本固有の領土の1つで、日本の北
のはしの島
(　　　　　　　　)

② 中国が自国の領土だと主張している日本固有の領土　(　　　　　　　　)

ポイント 日本は北半球に位置しています。日本と同じくらいの緯度にはアメリカ合衆国などがあり、
同じくらいの経度にはオーストラリアなどがあります。

きほんの ドリル → 2。

 ステップ1

時間 15分

問／9問中

月 日

サクッとこたえあわせ

答え 71ページ

日本の国土とわたしたち②
日本の地形の特色

（　　　）にあてはまる言葉や数字を、右の □ に書きましょう。

◉ 日本の国土のおよそ4分の（　①　）は、いくつかの山が集まっている山地である。

◉ 山地のうち、山が連続して細長く続いているものを（　②　）といい、はば広い山が続いて表面がなだらかになっている土地を高地という。❶

◉ 山地のうち、標高は高いが、表面が平らな土地を（　③　）という。❷

◉ 山のない平らな土地を平地という。平地のうち、まわりを山に囲まれた土地を（　④　）といい、海に面した土地を（　⑤　）という。

◉ 平地のうち、まわりより高く平らな土地を（　⑥　）という。

◉ 山地の多い日本では山地が海岸に近いので、川は山の高いところからいっきに海へ流れ出る。そのため、日本の川は世界の川に比べて川の長さが（　⑦　）。また、そのぶん流れが（　⑧　）になる。

◉ 日本には今も活動を続けている（　⑨　）が多くあり、その噴火によって温泉や湖がつくられることもある。

①
②
③
④
⑤
⑥
⑦
⑧
⑨

日本で一番大きい湖は琵琶湖だよ！

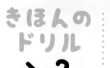

サクッと
こたえ
あわせ

答え **71**ページ

日本の国土とわたしたち②
日本の地形の特色

1 図を見て、次の問いに答えましょう。　　　　50点（1つ10）

(1) 次の地形にあたるものを、図中の⑦～⑤から
それぞれ選びましょう。

① 平野（　　　　） ② 盆地（　　　　）

③ 山脈（　　　　） ④ 台地（　　　　）

(2) 日本の川について述べた次の文の（　　）にあ
てはまる言葉を、特ちょうを2つ入れて書きま
しょう。

> 日本の川は世界の川に比べて、（　　　　　　　　　　　）で
> あるという特ちょうを持っている。

2 地図を見て、次の問いに答えましょう。　　　　50点（1つ10）

(1) 地図中の①～③の山地・山脈の名を書きましょう。

①（　　　　　　　） ②（　　　　　　　） ③（　　　　　　　）

(2) 地図中の④は日本で一番長い川です。何といいますか。（　　　　　　　）

(3) 地図中の⑤は日本で一番大きい湖です。何といいますか。（　　　　　　　）

ポイント 日本の平野は川が山から海へと流れ出るときに土砂がたまってできた平地なので、必ず川が
流れています。

きほんの
ドリル
→3

ステップ1

時間 15分

問 ／9問中

月　日

サクッと
こたえ
あわせ

答え 71ページ

日本の国土とわたしたち③
低地のくらし

(　)にあてはまる言葉を、右の□に書きましょう。

◎ 他の土地よりも低い位置にあり、(①)や川の水面からの高さがあまりない土地や、水面よりも低い土地を低地という。

◎ 低地では、水害を防ぐために(①)や川の近くに(②)をつくったり、川の(③)を変えたりしている。このように、水害からくらしを守り、水をくらしに生かすために行うさまざまな取り組みを(④)という。

◎ 低地の土地は、川の栄養分を多くふくみ、水が豊富なため、農業ではとくに(⑤)がさかんに行われている。

◎ 低地の農地では、台風などの際の(⑥)や洪水などによって土地に水がたまると、(⑦)を使ってたまった水をくみあげて川へ流している。●

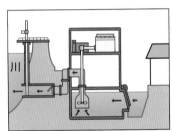

↑●排水機場のしくみ

◎ 低地にくらす人々は、水害に備えてふだんからひなん・救助のための(⑧)を行っている。

◎ 低地では、舟下りやカヌー教室など、川の水を(⑨)業に生かしており、それらを楽しむために多くの人がおとずれている。

①
②
③
④
⑤
⑥
⑦
⑧
⑨

低地の人々は、水によって起こる災害を防ぎながら、豊かな水を生活に生かしているのです。

きほんの
ドリル
3.

ステップ2

日本の国土とわたしたち③
低地のくらし

時間 15分

合格 80点 /100

月　日

サクッと
こたえ
あわせ

答え 71ページ

1 図を見て、次の問いに答えましょう。

50点（1つ10）

(1) 図中の⑦のように、川にそってつくられた施設を何といいますか。

（　　　　　　　　　）

(2) 図のような土地に⑦のような施設がつくられている理由について、次の文中の①〜④にあてはまる言葉を▨▨から選びましょう。

図のような、川に囲まれた（①　　　　　　　　）平らな土地は、大雨や
（②　　　　　　　　）で川の水が増えると、家や田畑が水につかるといった
（③　　　　　　　　）が起こる。そこで、図のような土地に住む人々は、⑦のような施設をつくったり、川の流れを変えたりする（④　　　　　　　　）を行ってきた。

台風　　治水　　低い　　水害

2 図を見て、次の問いに答えましょう。

50点（1つ10）

(1) 図のような土地で見られる、土地にたまった水を川へ排出するためにつくられた、⑦の施設を何といいますか。

（　　　　　　　　　）

(2) 次のうち、図のような土地で昔からさかんにさいばいされてきた作物はどれですか。

（　　　　　　　　　）

①　小麦　　②　キャベツ

③　米　　　④　りんご

(3) 図のような土地で見られる、自然を生かしたもよおしとして正しいものには〇を、まちがっているものには×をつけましょう。

①（　　　）カヌー教室　　②（　　　）スキー教室　　③（　　　）舟下り

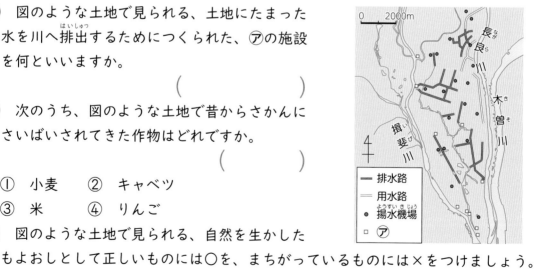

ポイント　木曽川、長良川、揖斐川という３つの川に囲まれた岐阜県海津市には、土地のまわりを堤防で輪のように囲んだ低地があり、このような土地は輪中とよばれます。

きほんの
ドリル
>4.
ステップ1
時間 15分
問／8問中
月　日

サクッと
こたえ
あわせ
答え 71ページ

日本の国土とわたしたち④
高地のくらし

（　　　）にあてはまる言葉を、右の□に書きましょう。

◉ 標高が1000m以上の高地である嬬恋村(つまごい)は、1年を通して（　①　）が東京よりも低い。❶

◉ 高地では、（　②　）のすずしい気候を生かして暑さに弱いレタスや（　③　）などの（　④　）野菜のさいばいをさかんに行っている。嬬恋村は（　③　）の全国一の生産地である。

◉ 高地でさいばいされた野菜は、（　⑤　）なまま全国へとどけるため、低温を保(たも)つトラックなどを利用して配送されている。

◉ 高地では、ほかの地域(ちいき)と野菜の収穫(しゅうかく)時期をずらして出荷することで、より（　⑥　）価格(かかく)で売れるようにくふうしている。

◉ 高地は、冬には気温がとても（　⑦　）なるため、スキーやスケートをするためにおとずれる（　⑧　）客も多い。

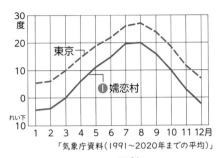

↑嬬恋村と東京の月別平均(へいきん)気温

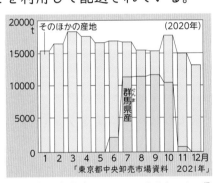

↑東京都の市場でのキャベツの取りあつかい量

| ① |
| ② |
| ③ |
| ④ |
| ⑤ |
| ⑥ |
| ⑦ |
| ⑧ |

群馬県(ぐんま)の嬬恋村(つまごい)や長野県(ながの)の野辺山原(のべやまはら)は高原野菜のさいばいがさかんだよ！

きほんの
ドリル
≥ 4。
ステップ2
時間 15分
合格 80点
/100
月　日

サクッと
こたえ
あわせ
答え 71ページ

日本の国土とわたしたち④
高地のくらし

① 2つのグラフをもとに考えられることについて、あとの文にあてはまる正しい言葉を選び、◯で囲みましょう。

50点（1つ10）

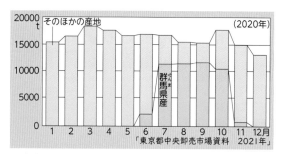

↑東京都の市場でのキャベツの取りあつかい量

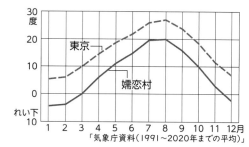

↑嬬恋村と東京の月別平均気温

　東京都の市場でのキャベツの取りあつかい量は、7～10月は嬬恋村のある群馬県産のものが多くをしめている。これは、1年を通して東京よりも平均気温が①{ 高い ・ 低い }嬬恋村で、夏の②{ あたたかい ・ すずしい }気候を利用して、③{ 暑さ ・ 寒さ }に弱いキャベツの生産をしているからである。ほかの地域でのキャベツの生産量が④{ 多い ・ 少ない }時期に出荷することで、より⑤{ 高い ・ 低い }価格で売ることができると考えられる。

② 図を見て、次の問いに答えましょう。

50点（1つ10）

(1) 図中の①～③が示している作業を □□ から選びましょう。

①（　　　　　　　　）
②（　　　　　　　　）
③（　　　　　　　　）

収穫　　種まき　　植えつけ

	3月	4月	5月	6月	7月	8月	9月	10月
●…①								
■…②				なえの世話	畑の世話			
▲…③								

↑キャベツづくりカレンダー

(2) キャベツの出荷について、次の文の①・②にあてはまる言葉を書きましょう。

　（①　　　　　　　　　　）で運べるトラックを利用して（②　　　　　　　　）なまま全国へ出荷している。

ほかの地域での生産量が少ない時期に出荷するために、作物の収穫時期を早めるさいばい方法を促成さいばい、おそくする方法を抑制さいばいといいます。

きほんのドリル

ステップ1

時間 15分

問 ／10問中

月　　日

サクッと
こたえ
あわせ

答え 72ページ

5. 日本の国土とわたしたち⑤
日本の気候の特色

（　　　）にあてはまる言葉を、右の□に書きましょう。

● 日本の気候は（　①　）の変化がはっきりしていることが大きな特色である。

● 6月から7月ごろの雨がよくふる期間を（　②　）という。

● 日本では、夏から秋にかけて（　③　）におそわれることが多く、特に沖縄や（　④　）地方、四国地方はその被害を受けやすい。

● 季節によって風向きが変わる風を（　⑤　）という。

● 日本列島の中央を走る（　⑥　）と（　⑤　）のえいきょうで、日本の気候は（　⑦　）側と太平洋側で大きくことなる。●

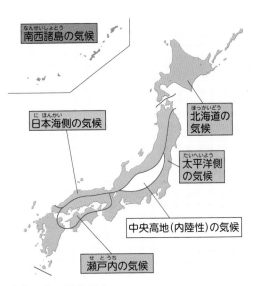

南西諸島の気候

日本海側の気候

北海道の気候

太平洋側の気候

中央高地(内陸性)の気候

瀬戸内の気候

↑● 日本の気候区分

● 北海道の気候は、冬の寒さがきびしく、（　⑧　）が少ない。

● 中央（　⑨　）の気候や瀬戸内の気候の地域は（　⑥　）に囲まれているため、（　⑧　）が少ない。

● 沖縄は冬でもあたたかい（　⑩　）諸島の気候である。

①
②
③
④
⑤
⑥
⑦
⑧
⑨
⑩

季節風は、冬は北西から、夏は南東からふくよ！

9

ステップ2
時間 15分
合格 80点
/100
月　日

サクッと
こたえ
あわせ
答え 72ページ

日本の国土とわたしたち⑤
日本の気候の特色

1 図を見て、次の問いに答えましょう。　　　　　　　　　　60点（1つ10）

（1）図中の①〜④の地域の気候の特ちょうについて述べた文を、次の⑦〜⑰からそれぞれ選びましょう。

①（　　　　　）
②（　　　　　）
③（　　　　　）
④（　　　　　）

④

日本海側の気候

太平洋側の気候

①

②

③

⑦　雨が少なく夏と冬の気温差が大きい。

⑦　雨が少なく1年を通してあたたかい。

⑰　冬の寒さがきびしい。

⑰　1年を通して暑く、雨が多い。

（2）6月から7月ごろの、雨が多くふる時期を何といいますか。

（　　　　　　　　　）

（3）図中の④の地域などに多くの被害をもたらす、夏から秋に日本をおそうものを何といいますか。

（　　　　　　　　　）

2 季節風のえいきょうを示した図について述べた次の文にあてはまる正しい言葉を選び、◯で囲みましょう。　　　　　　　　　40点（1つ10）

①｛ 夏 ・ 冬 ｝になると、ユーラシア大陸からふく

②｛ 北西 ・ 南東 ｝の季節風が、海上で水分を多くふくんで山地にぶつかり、③｛ 太平洋 ・ 日本海 ｝側の地域に多くの④｛ 雪 ・ 雨 ｝をふらせる。

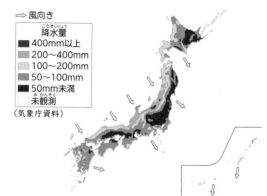

⇒風向き
降水量
■ 400mm以上
■ 200〜400mm
■ 100〜200mm
■ 50〜100mm
■ 50mm未満
□ 未観測
（気象庁資料）

ポイント　日本列島は南北に長く、山地が列島の中央部にあるため、北と南、日本海側と太平洋側で気候がことなります。

日本の国土とわたしたち⑥
あたたかい地域のくらし

時間 15分

問 / 9問中

月　　日

サクッと
こたえ
あわせ

答え 72ページ

（　　　）にあてはまる言葉を、右の□□に書きましょう。

◉ 沖縄県は、1年を通して（　①　）が高いので、伝統的な家では戸やまどを大きくして（　②　）をよくしている。

◉ 沖縄の伝統的な家❶は、（　③　）から家を守るために家のまわりを（　④　）や防風林で囲むなどのくふうをしている。

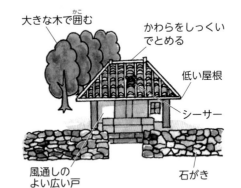

大きな木で囲む
かわらをしっくいでとめる
低い屋根
シーサー
風通しのよい広い戸
石がき

↑❶沖縄の伝統的な家

◉ 沖縄県は、山が少なく、川も短いため、（　⑤　）になりやすいことから屋根の上に貯水タンクを備えている家もある。

◉ 沖縄県では砂糖の原料となる（　⑥　）や、暑い地域を原産地とするマンゴーやパイナップルなどの果物の生産がさかんである。

◉ 沖縄周辺の海では、（　⑦　）が見られるが、近年は海水温が上がることなどから起こる白化現象が問題になっている。

◉ 沖縄県には、かつて（　⑧　）とよばれる、独自の文化をもつ国があった。

◉ 沖縄県の広い範囲を（　⑨　）軍の基地がしめており、軍用機のそう音やついらく事故など、さまざまな問題がある。

①
②
③
④
⑤
⑥
⑦
⑧
⑨

日本にあるアメリカ軍基地の約70％は沖縄県にあるんだ。沖縄本島の約15％をしめているよ。

ステップ2

時間 15分　合格 80点　/100

月　日

サクッと
こたえ
あわせ

答え 72ページ

日本の国土とわたしたち⑥
あたたかい地域のくらし

1 次の問いに答えましょう。　　　　　　　　　　50点（1つ10）

(1) 右のグラフについて述べた文として、正しいものには〇を、まちがっているものには×をつけましょう。

①（　　　）那覇市は、東京に比べて年平均気温が高い。

②（　　　）那覇市には東京よりも多くの台風がくるため、夏の降水量が東京に比べて多い。

③（　　　）那覇市の年降水量は東京のおよそ2倍である。

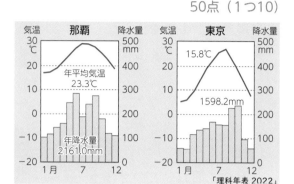
↑沖縄県那覇市と東京の気温と降水量

(2) 右の写真について述べた文中の①・②にあてはまる言葉を書きましょう。

> 現在の沖縄の家は、強風に備えるため、コンクリートづくりで、屋根は
> （①　　　　　　　　　）につくられている。また、（②　　　　　　　　　）に備えて屋上には貯水タンクが置かれている。

↑現在の沖縄の家

2 次の問いに答えましょう。　　　　　　　　　　50点（1つ10）

(1) 右のグラフ中の①にあてはまる作物を書きましょう。　　　　（　　　　　　　　　）

(2) 右のグラフ中の果物について、沖縄県で多くさいばいされている果物を次の⑦～⑨から2つ選びましょう。

（　　　・　　　）

⑦　マンゴー　　　④　りんご

⑨　さくらんぼ　　①　パイナップル

```
12000 ha
10000
 8000
 6000
 4000
 2000
    0
      ①  牧草 野菜 果物 花
```
「2020年農林業センサス　農林水産省」
↑沖縄県の主な農産物の作付面積（2020年）
※牧草は牧草専用地、その他ははん売目的のものの面積

(3) 沖縄県にはかつて、何という国がありましたか。　（　　　　　　　　　　　）

(4) 沖縄本島のおよそ15％をしめている施設は何ですか。

（　　　　　　　　　　　　）

ポイント　首里城をはじめとする琉球王国の遺産は世界文化遺産に登録されています。

きほんの ドリル

> 7.

ステップ1

時間 15分

問 ／ 9問中

月　　日

サクッと こたえ あわせ

答え 72ページ

日本の国土とわたしたち⑦
寒い地域のくらし

（　　　）にあてはまる言葉を、右の▢に書きましょう。

◉ 北海道は、冬は寒く
（　①　）が多くふるため、
それらに備えて、家には二
重（　②　）をつけたり、
（　③　）材を用いたり、玄
関フードがあったり➊と、
室内のあたたかさを保つ
ふうがされている。

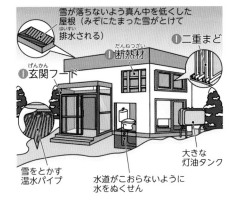

雪が落ちないよう真ん中を低くした
屋根（みぞにたまった雪がとけて
排水される）

➊二重まど

➊断熱材

➊玄関フード

大きな
灯油タンク

雪をとかす
温水パイプ

水道がこおらないように
水をぬくせん

↑北海道の家

◉ 北海道では、冬に（　①　）が交通のさまたげにならないように、
（　④　）作業や、はい雪作業が行われる。

◉ 北海道には、すずしさを求めて、夏に多くの（　⑤　）がおとず
れる。冬の（　⑤　）を増やすため、（　①　）を生かしたイベン
トとして（　⑥　）市では「（　①　）まつり」が、旭川市では「冬
まつり」が行われている。

◉ 北海道の寒さは（　⑦　）の生産には向かなかったが、近年は品
種改良などによって（　⑦　）の生産量が増えている。

◉ 北海道は（　⑧　）連邦ととなりあっているため、道路標識など
には（　⑧　）語も記されている。

◉ 北海道には、もともと住んでいた先住民族の（　⑨　）の人々が
おり、その文化を守る取り組みが行われている。

①
②
③
④
⑤
⑥
⑦
⑧
⑨

自然豊かな北海道では、めずらしい動植物が残る場所もあり
ます。知床半島は世界自然遺産に登録されています！

きほんのドリル → 7

日本の国土とわたしたち⑦
寒い地域のくらし

1 図を見て、次の問いに答えましょう。　50点（1つ10）

(1) 北海道の家が図のようなつくりになっているのはなぜですか。理由を書きましょう。

(　　　　　　　　　　　　　　)

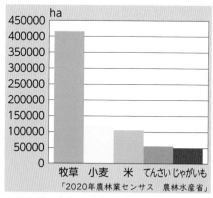
真ん中を低くした屋根　二重まど　断熱材　玄関フード　温水パイプ　水をぬくせん　灯油タンク

(2) 北海道でのくらしについて述べた文として、正しいものには○を、まちがっているものには×をつけましょう。

① (　) 夜間や早朝に除雪作業が行われている。
② (　) 海にはさんごしょうが広がっている。
③ (　) 雪像がつくられるイベントが行われている。
④ (　) スキーやスケートの授業が行われている。

2 次の問いに答えましょう。　50点（1つ10）

(1) 右のグラフをもとに、北海道の農業について述べた次の文中の①〜③にあてはまる言葉を、　　から選びましょう。

北海道で最も作付面積が大きいのは
(① 　　　　)で、北海道は（①）をえさとする乳牛を育てる(② 　　　　)がさかんである。また、砂糖の原料となる
(③ 　　　　)は米や小麦よりも作付面積は小さいが、全国の生産量の100％に近い量を北海道でさいばいしている。

↑北海道の主な農産物の作付面積（2020年）
※牧草は牧草専用地、その他ははん売目的のものの面積
「2020年農林業センサス　農林水産省」

らく農　てんさい　牧草

(2) 北海道にもともと住んでいた人々を何といいますか。（ 　　　 ）
(3) 北海道ととなりあっている国はどこですか。（ 　　　 ）

ポイント　乳牛は暑さに弱いため、夏でもすずしい北海道は乳牛の飼育に適しています。また、牧草はすずしい気候でよく育ちます。

まとめのドリル

8. 日本の国土とわたしたち①〜⑦

時間 **20**分　合格 **80**点　　／100

月　　日

サクッと
こたえ
あわせ

答え **72**ページ

1 次の問いに答えましょう。　　　　　　　　　　　　　　　25点（1つ5）

(1) 日本の位置と国土について、次の文にあてはまる正しい言葉を選び、◯で囲みましょう。

> 日本は、①{ 東経（とうけい） ・ 西経（せいけい） }122度から154度、北緯（ほくい）20度から46度の間に位置している。国土の②{ 3分の2 ・ 4分の3 }が山地であるため、川は短く流れが③{ 急 ・ ゆるやか }であるという特ちょうがある。また、山地が列島の中央を走っていることや、④{ 季節風 ・ 台風 }のえいきょうによって、日本の気候は日本海側（にほんかいがわ）と太平洋側（たいへいようがわ）で大きなちがいが見られる。

(2) 日本の南のはしにあたる島を、　　　から選びましょう。

（　　　　　　　　　　　）

沖ノ鳥島（おきのとりしま）　　与那国島（よなぐにじま）　　南鳥島（みなみとりしま）　　択捉島（えとろふとう）

2 図を見て、次の問いに答えましょう。　　　　　　　　　　25点（1つ5）

(1) 図中の①〜④で示（しめ）した地域（ちいき）の気候にあてはまる月別平均気温と月別降水量（こうすいりょう）のグラフを、⑦〜⑤からそれぞれ選びましょう。

①（　　　　　）　　②（　　　　　）　　③（　　　　　）　　④（　　　　　）

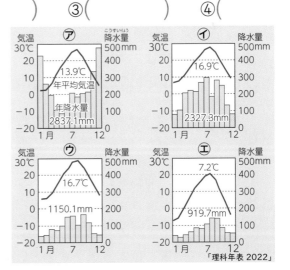

「理科年表 2022」

(2) 台風の被害（ひがい）を受けやすい地域を図中の①〜⑤から選びましょう。

（　　　　　　　　　　　）

③ 図を見て、次の問いに答えましょう。

25点（1つ5）

(1) 図中の①にあてはまる言葉を書きましょう。（　　　　　　）

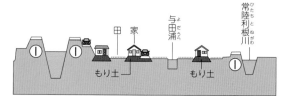

(2) 図で示した地域について述べた文として、正しいものには○を、まちがっているものには×をつけましょう。

①（　　）排水機場をつくったことで水はけがよくなり、野菜や果物のさいばいができるようになった。

②（　　）夏のすずしい気候を利用して高原野菜の生産がさかんに行われている。

③（　　）ほかの地域が生産しない時期にキャベツを出荷することで、よりよい価格で売れるようにくふうしている。

④（　　）昔から水が豊かで栄養分の高い土が多かったので、米づくりがさかんに行われてきた。

④ グラフを見て、次の問いに答えましょう。

25点（1つ5）

⑦

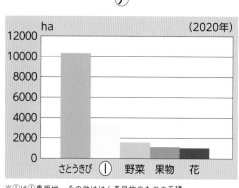

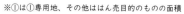
※①は①専用地、その他ははん売目的のものの面積

⑦

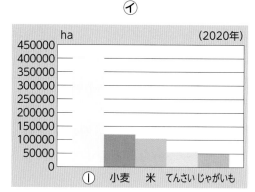
「2020年農林業センサス　農林水産省」

(1) ⑦・⑦のグラフは、沖縄県・北海道のいずれかの主な農産物の作付面積を示したものです。グラフ中の①に共通してあてはまる作物を書きましょう。

（　　　　　　　　）

(2) ⑦・⑦のグラフのうち、沖縄県のグラフにあてはまるものはどちらですか。

（　　　　　）

(3) 次の文のうち、沖縄県について述べているものにはあを、北海道について述べているものにはいを書きましょう。

①（　　　　）アメリカ軍基地が土地の多くをしめている。

②（　　　　）家には二重まどがあり、屋根は平らで真ん中が低くなっている。

③（　　　　）かつては琉球王国があり、独自の文化が育まれていた。

きほんの
ドリル
→9 ☺
ステップ1
時間 15分
問 ／ 9問中
月　　日
サクッと
こたえ
あわせ
答え 73ページ

わたしたちのくらしと食料生産①
食生活を支える食料生産

( ) にあてはまる言葉を、右の □ に書きましょう。

◉ 日本では、気候や地形といった(①)条件を生かした食料生産が行われている。

◉ 米や野菜のように、田畑でさいばいされるものを(②)という。

◉ 肉やたまご、乳のように、牛やぶた、とりなどの家畜から生産されるもの、またそれらからつくられているものを(③)という。

◉ 海や川などからとれる魚や貝など、またそれらからつくられるものを(④)という。

◉ 日本では、米づくりがさかんだが、特に米の収穫量の多い県は(⑤)地方に集まっている。❶

◉ 果物のさいばいは気候のえいきょうを受けやすく、(⑥)気候の地域ではみかんが、(⑦)気候の地域ではりんごのさいばいがさかんである。

単位:万t
北海道 49
秋田県 38
岩手県 23
山形県 31
宮城県 31
新潟県 54
福島県 28
栃木県 25
千葉県 25
茨城県 31

「令和4年産作物統計調査　農林水産省」(2022年)

↑❶米の収穫量の多い10道県

◉ 肉牛や乳牛を飼育する畜産は、えさである(⑧)を育てるための広い土地がある(⑨)地方や北海道でさかん。

①
②
③
④
⑤
⑥
⑦
⑧
⑨

食料品のなかには、外国で生産されたものもあるよ！

ステップ2

⏱時間15分　合格80点　/100　　月　日

わたしたちのくらしと食料生産①
食生活を支える食料生産

答え 73ページ

① 右のグラフから読み取れることについて述べた文のうち、正しいものには○を、まちがっているものには×をつけましょう。　　　　50点（1つ10）

①(　　)北海道はすべての品目で生産額が1位である。

②(　　)米と野菜の生産額が多い都道府県は、同じである。

③(　　)鹿児島や宮崎は肉用牛や豚の生産がさかんである。

④(　　)野菜と米だけ、その他が65％以上ある。

⑤(　　)畜産は北海道と九州地方のみで行われている。

米	新潟 9.1%	北海道 7.6	秋田 6.4	山形 5.1	宮城 4.6	その他 67.2

野菜	北海道 9.8%	茨城 7.1	千葉 6.0	熊本 5.5	愛知 4.8	その他 66.8

生乳	北海道 51.7%	栃木 5.1	熊本 3.8	岩手 3.0	千葉 2.9	その他 33.5

肉用牛	鹿児島 16.2%	北海道 14.8	宮崎 10.6	熊本 5.9	岩手 3.7	その他 48.8

豚	鹿児島 14.0%	宮崎 8.0	北海道 7.9	群馬 7.3	千葉 6.1	その他 56.7

「生産農業所得統計(令和3年) 農林水産省」

↑農産物の生産額の都道府県別わりあい

② 表を見て、次の問いに答えましょう。　　　　50点（1つ10）

(1) 右の表は、みかん・りんご、どちらかの収穫量の多い上位5県です。2つの表について、次の文にあてはまる正しい言葉を選び、◯で囲みましょう。

表1は
①{ みかん ・ りんご }の収穫量を表しています。なぜなら、表1の県の多くは日本の
②{ 北 ・ 南 }に位置しており、
③{ すずしい ・ あたたかい }気候の地域ばかりだからです。

表1

県	収穫量(t)
青森	41.6万
長野	11.0万
岩手	4.2万
山形	3.2万
福島	1.9万

表2

県	収穫量(t)
和歌山	14.8万
愛媛	12.8万
静岡	10.0万
熊本	9.0万
長崎	5.2万

「令和3年産作物統計調査 農林水産省」

(2) 次の⑦・④は、みかん・りんご、どちらかの収穫量全国6位の県です。表1・表2のどちらに加えるのが正しいですか。それぞれ書きましょう。
⑦佐賀(　　　　　)　　④秋田(　　　　　)

ポイント 農産物の生産は、地形や気候、土地の広さなどの自然条件と大きなかかわりがあります。

きほんの
ドリル
10。

ステップ1

時間 15分

問 / 10問中

月　　日

サクッと
こたえ
あわせ

答え 73ページ

わたしたちのくらしと食料生産②
米づくり農家の1年間

(　　　)にあてはまる言葉を、右の□に書きましょう。

◉米は北海道や新潟県、(①)地方で多くつくられている。

◉米づくりがさかんな山形県の庄内平野は、(②)側の気候で、冬の(③)のえいきょうでふる雪が、春になると雪どけ水となることや、多くの川が流れこむことなどから、豊かな水にめぐまれている。

◉夏に庄内平野へかわいた(③)がふき、ぬれた葉をかわかすことで、(④)の病気を防ぐことができる。

◉米づくりでは、3月に種もみを選び、4月にはトラクターで田を耕す(⑤)をしたあと、田に水を入れて土を平らにする(⑥)を行う。

◉5～6月に育てたなえを田に植え付ける(⑦)を行い、9～10月に(⑧)をして収穫する。

◉(⑨)という機械を使って(⑧)をすると、短い時間で作業ができる。

↑❶コンバインで稲かりをする様子

◉米づくりでは、水の管理や草取り、肥料や(⑩)をまくなど、多くの作業がある。

①
②
③
④
⑤
⑥
⑦
⑧
⑨
⑩

稲かりのあとは、だっこくやかんそう、もみすりをしてから出荷するよ！

きほんの
ドリル
10。

ステップ2

時間 15分 　合格 80点 　　/100

月　日

サクッと
こたえ
あわせ

答え 73ページ

わたしたちのくらしと食料生産②
米づくり農家の1年間

1 米づくりがさかんな地域について述べた次の文中の①～⑤にあてはまる言葉を、
▢から選びましょう。　　　　　　　　　　　　　　　　　　　　　50点（1つ10）

> 　米づくりは、日本各地で行われているが、（①　　　　　　　　）県や北海道、
> 東北地方で特にさかんである。（①）県や東北地方の日本海側の地域は、冬の
> （②　　　　　　　　）が多くの雪をもたらすため、春に雪がとけて米づくりに必
> 要な（③　　　　　　　　）が豊かである。また、夏のかわいた（②）は日本海側の
> 地域に晴天をもたらすため、（④　　　　　　　　）が長く、稲が生長しやすい。
> 　このように、（①）県や東北地方の日本海側の地域は、米づくりに適した
> （⑤　　　　　　　　）が整っている。

季節風　　新潟　　水　　自然条件　　日照時間

2 米づくりの作業を示した図を見て、次の問いに答えましょう。　　50点（1つ10）

なえづくり　　（①）　　（②）　　（③）　　（④）　　かんそう

(1)　図中の①～④にあてはまる言葉を、次の⑦～⊥からそれぞれ選びましょう。
　　　　①（　　　　）　②（　　　　）　③（　　　　）　④（　　　　）
　⑦　田植え　　⑦　農薬をまく　　⑦　田おこし　　⊥　稲かり
(2)　米づくりの作業である「代かき」は、どの時期に行いますか。図中のあ～えから
　選びましょう。　　　　　　　　　　　　　　　　　　　　　（　　　　）

ポイント　米づくり農家は、水の管理や肥料をまく時期などを地域の人と話し合い、協力して作業を行っ
ています。

きほんの
ドリル
11.

わたしたちのくらしと食料生産③
米づくりのくふう

答え 73ページ

（　　　）にあてはまる言葉を、右の□に書きましょう。

◉ 米づくりでは（　①　）を田に入れたりぬいたり、深さを調節したりする（　①　）の管理がとても重要である。

◉ 水田の区画を広げて形を整え、（　②　）や排水路、農道を整備することを（　③　）という。

◉（　③　）によって、水田に大型の（　④　）が入れるようになり、それまで手作業で行っていたことを（　④　）でできるようになった。そのため、米づくりにかかる時間は（　⑤　）なり❶、米の生産量は（　⑥　）。

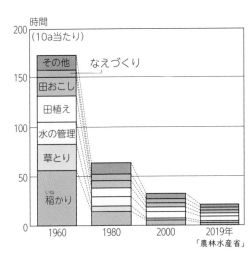

↑❶米づくりにかかる時間の変化

◉ 農家が集まってつくられた（　⑦　）は、地域全体の米づくりのさいばい計画を立てたり、アドバイスを行ったりして地域の農業を支える役わりをになっている。

◉ いろいろな品種の米をかけ合わせて、新しい品種をつくり出すことを（　⑧　）という。（　⑧　）は、生産者のためによりさいばいしやすいものを開発するだけでなく、消費者の好みに合わせた米を開発するためにも行われている。

①
②
③
④
⑤
⑥
⑦
⑧

米づくりは、農家の人だけでなく、農業協同組合や農業研究所の人など、さまざまな人の努力によって行われています。

きほんの
ドリル
11.
ステップ2
時間 15分
合格 80点
/100
月　　日

サクッと
こたえ
あわせ
答え 73ページ

わたしたちのくらしと食料生産③
米づくりのくふう

1 図を見て、次の問いに答えましょう。　　　　　　　50点（1つ10）

(1) 図中の⑦のような水田を⑦のようにすることを何と
いいますか。　　　　（　　　　　　　　　）

(2) 水田が図中の⑦から⑦のように変わったことで、で
きるようになったこととして、正しいものには〇を、
まちがっているものには×をつけましょう。

① (　　　) 農薬を使わずに米をさいばいできるように
なった。

② (　　　) 大型機械で作業ができるようになり、作業
時間が減った。

③ (　　　) 水田に適切な量の水を入れられるように
なった。

④ (　　　) 台風が来ても、稲がたおれてしまうことが
なくなった。

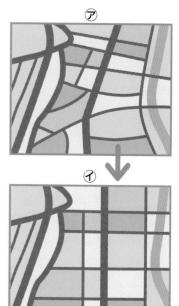

2 次の問いに答えましょう。　　　　　　　　　　　50点（1つ10）

(1) 米づくりを支える人たちについて、次の文中の①～④にあてはまる言葉を、▨▨
から選びましょう。

農家が中心となってつくられた(①　　　　　　　　　　)は全国各地にあり、
農家と協力しておいしい米づくりをする努力をしている。農家の人は、(①)か
ら農機具や(②　　　　　　　)をこう入したり、さいばい方法などについて相
談したりしている。また、農業研究所（試験場）では<u>いろいろな米のよいとこ
ろをかけ合わせて</u>(③　　　　　　　)に強い米や(④　　　　　　)が求め
る味の米を開発するなど、多くの人が米づくりを支えている。

病気　　肥料　　消費者　　農業協同組合

(2) 文中の下線部について、これを何といいますか。　　（　　　　　　　　　）

ポイント 農家の人たちは、環境や人体にやさしい米をつくるために、化学肥料にたよらない米のさい
ばい方法などについて農業協同組合の人に相談することもあります。

きほんの
ドリル
12。
ステップ1
時間 15分
問 ／9問中
月　　日
サクッと
こたえ
あわせ

答え 73ページ

わたしたちのくらしと食料生産④
米づくり農家がかかえる課題

（　　　　）にあてはまる言葉を、右の□に書きましょう。

◉ 農家が収穫した米の多く
は、共同で利用されてい
る（　①　）で保管され
る。⬤

◉（　①　）に集められた米
は、（　②　）させてふく
ろづめし、全国へ出荷す
る。出荷の計画は
（　③　）が行う。

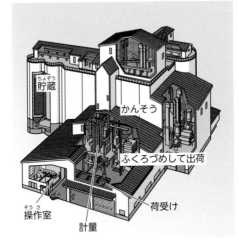

貯蔵
かんそう
ふくろづめして出荷
荷受け
操作室
計量

↑⬤カントリーエレベーター

◉ 出荷された米はトラックや鉄道、フェリーなどで（　④　）され
る。わたしたちが米を買うときの価格には、この（　④　）にか
かる（　⑤　）もふくまれている。

◉ 近年は、農家が消費者に米を（　⑥　）はん売することもある。

◉ 米の生産量と消費量は年々（　⑦　）いる。

◉ 農家の人々は、米づくりにかかる（　⑤　）や作業を減らすため、
農業機械を（　⑧　）でこう入したり、作業を（　⑧　）で行った
りしている。

◉ 近年、米の粉を使った商品の開発や、おいしく（　⑨　）にやさ
しい米をつくるためのさまざまな取り組みが行われている。

①
②
③
④
⑤
⑥
⑦
⑧
⑨

農業を行うわかい人が減っていることも、
米づくり農家がかかえる課題だよ。

きほんのドリル 12.

ステップ2　時間 15分　合格 80点　/100　月　日

答え 73ページ　サクッとこたえあわせ

わたしたちのくらしと食料生産④

米づくり農家がかかえる課題

1 図を見て、次の問いに答えましょう。 50点（1つ10）

(1) 図のような、収穫した米を保管する施設を何といいますか。

（　　　　　　　　　　）

(2) 図中の①・②にあてはまる言葉を書きましょう。

①（　　　　　　）

②（　　　　　　）

(3) 図のような施設で米を保管することでできることを、次の㋐～㋓から2つ選びましょう。

（　　・　　）

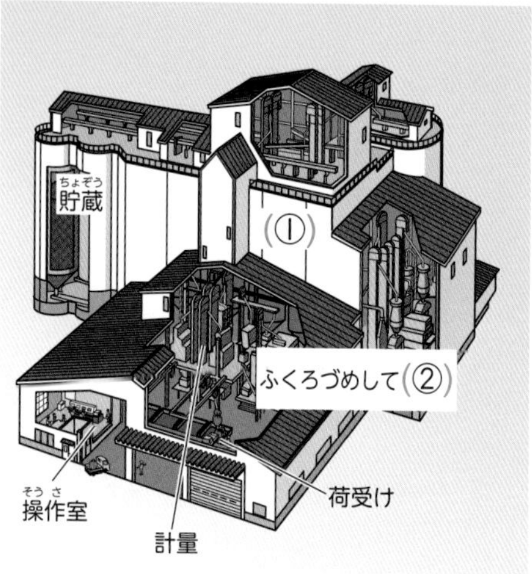

貯蔵
(①)
ふくろづめして(②)
操作室
計量
荷受け

㋐ 米を適温で保管することで新鮮な米を消費者にとどけることができる。

㋑ 米を集めておくことで地域の人々にすぐに米を売ることができる。

㋒ 地域の米を集めて保管することで米の品質をそろえることができる。

㋓ 大量の米を集めておくことで次の年に米づくりをしなくてもすむ。

2 次の問いに答えましょう。 50点（1つ10）

(1) 図中の①・②にあてはまる言葉を㋐・㋑からそれぞれ選びましょう。

①（　　　　）　②（　　　　）

㋐ インターネット　　㋑ 農業協同組合（JA）

(2) 図中の→が指している、米を消費者まで運ぶことを何といいますか。

（　　　　　　　　）

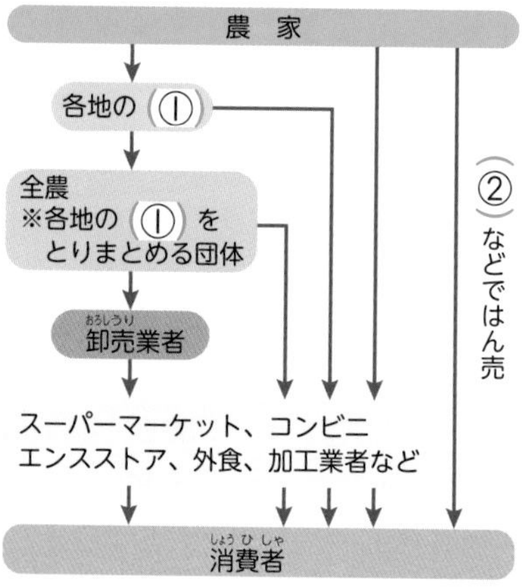

農家
各地の(①)
全農
※各地の(①)をとりまとめる団体
卸売業者
スーパーマーケット、コンビニエンスストア、外食、加工業者など
(②)などではん売
消費者

↑全国に米がとどくまで

(3) 米づくり農家がかかえる課題と新しい取り組みについて、正しいものには○を、まちがっているものには×をつけましょう。

①（　　）農業をする人が減っているため、共同で作業をしている。

②（　　）米の消費量が増えているため、年に2回米を収穫している。

ポイント　米づくり農家は、各地で米づくりについての出前授業を行ったり、農業体験を行ったりするなど、さまざまな取り組みを行っています。

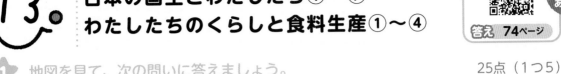

時間 **20**分 | 合格 **80**点 | /100

月　　日

サクッと
こたえ
あわせ

日本の国土とわたしたち①〜⑦
わたしたちのくらしと食料生産①〜④

答え **74**ページ

⭐ **1** 　地図を見て、次の問いに答えましょう。　　　　　25点（1つ5）

(1) 地図中の①の大陸名、②の海洋名を書
きましょう。

①(　　　　　　　　　　)

②(　　　　　　　　　　)

(2) 地図中の㋐で示した日本固有の領土を、
不法に占領している国の名前を書きま
しょう。　　(　　　　　　　　)

(3) 地図中の㋑の島の名前を次の㋐〜㋑か
ら選びましょう。　(　　　　)

　㋐ 択捉島　　㋑ 沖ノ鳥島　　㋒ 与那国島　　㋓ 南鳥島

(4) 地図中の　　で示した範囲を何といいますか。　(　　　　　　　　　　　)

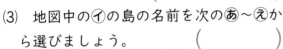

⭐ **2** 　グラフと地図を見て、次の問いに答えましょう。　　　　　25点（1つ5）

(1) 次の①〜④で示した月別平均気温と月別降水量のグラフにあてはまる都市を、地
図中の㋐〜㋑からそれぞれ選びましょう。

①(　　　　) ②(　　　　) ③(　　　　) ④(　　　　)

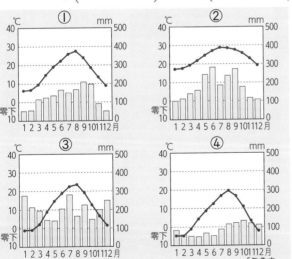

(2) 地図中の㋑の都市がある県でさかんにさいばいされている、砂糖の原料となる作
物を何といいますか。
(　　　　　　　　　　)

↓うらのページに続くよ！

3 地図を見て、次の問いに答えましょう。　　　　　　25点（1つ5）

(1) 地図中の①～③で色分けされた道県は、次の⑦～⑦のいずれかの農産物の収穫量または生産量の上位3道県です。それぞれにあてはまる農産物を選びましょう。

①（　　　　　）　②（　　　　　）
　　　　　　　　　③（　　　　　）

⑦　みかん　　④　りんご
⑦　肉用牛

「生産農業所得統計・作物統計調査（令和3年）農林水産省」

(2) 地図中のあの県における農業について述べた文として、正しいものには○を、まちがっているものには×をつけましょう。

①（　　　）高地では夏のすずしい気候を利用した高原野菜のさいばいがさかん。
②（　　　）豊富な雪どけ水を利用した米のさいばいがさかん。

4 次の問いに答えましょう。　　　　　　25点（1つ5）

(1) 米づくりに必要な、次の①～④の作業を、行う順番にならべかえましょう。

（　　　→　　　→　　　→　　　）

①　　　　　　　　②　　　　　　　　③　　　　　　　　④

(2) 上の図中の①の作業を何といいますか。　　　　　　（　　　　　　　　）

(3) いろいろな米がもつ良いところを合わせて、新しい米をつくることを何といいますか。　　　　　　（　　　　　　　　）

(4) 米を効率よく生産するために農家が行っているくふうとして、正しいものを次の⑦～⑦から2つ選びましょう。　　　　　　（　　　・　　　）

⑦　耕地整理（ほ場整備）
④　消費者への直接はん売
⑦　小学校で米づくりについての授業を行う
⑦　共同で農薬をまく

きほんの ドリル 14.

ステップ①　⏱時間15分　問／8問中

月　日

サクッと
こたえ
あわせ

答え 74ページ

わたしたちのくらしと食料生産⑤
日本の水産業の特ちょう

（　　　　）にあてはまる言葉や数字を、右の□に書きましょう。

◉ 日本のまわりには、（ ① ）の（ ② ）（日本海流）や対馬海流、寒流の（ ③ ）（千島海流）やリマン海流などの海流が流れている。❶

◉ 水深が（ ④ ）mくらいまでのゆるやかなしゃ面になっている海底を大陸だなという。

↑主な漁港の水あげ量と❶海流

「水産物流通調査（2020年）」

◉ 大陸だなでは、魚のえさとなるとても小さな生物である（ ⑤ ）が多いため、いろいろな種類の魚がとれる。

◉ とった魚を船から陸地にあげることを（ ⑥ ）といい、魚の収穫量を表すときは（ ⑥ ）量といういい方をする。

◉（ ⑥ ）された魚は、（ ⑦ ）の市場でせりにかけられる。

◉ せりのあと、買われた魚は保冷機能のついた（ ⑧ ）で（ ⑦ ）から加工工場や全国のスーパーマーケットへ運ばれる。

①	
②	
③	
④	
⑤	
⑥	
⑦	
⑧	

漁業には、長い期間遠くの海で行う遠洋漁業、10トン以上の船で数日かけて日本近海で行う沖合漁業、小型船を使って海岸やその近くで行う沿岸漁業があるよ！

ステップ2　時間15分　合格80点　/100　月　日

サクッと
こたえ
あわせ

答え 74ページ

わたしたちのくらしと食料生産⑤
日本の水産業の特ちょう

1 地図を見て、次の問いに答えましょう。　50点（1つ10）

(1) 地図中の①・②の海流を何といいますか。　①（　　　　　　）
　　②（　　　　　　）

(2) 日本で最も水あげ量が多い地図中の③の漁港はどこですか。
　　（　　　　　　　　）

(3) 日本の近海にある、水深が200mくらいまでのけいしゃがゆるやかな海底を何といいますか。
　　（　　　　　　　　）

(4) (3)で魚の種類が豊富で数が多いのはなぜですか。理由をかんたんに書きましょう。
　　（　　　　　　　　　　　　　　　　　　　　　　）

「水産物流通調査（2020年）」

2 魚が消費者にとどくまでの図を見て、あとの問いに答えましょう。　50点（1つ10）

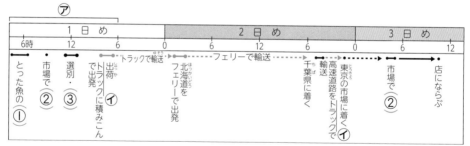

(1) 図中の①～③にあてはまる言葉を　　から選びましょう。

箱づめ　　せり　　水あげ

①（　　　　　　）　②（　　　　　　）　③（　　　　　　）

(2) 図中の㋐の作業はどこで行われますか。漢字2字で書きましょう。
　　（　　　　　　　）

(3) 図中の㋑は、どのようなトラックですか。漢字2字で書きましょう。
　　（　　　　　　　）機能のついたトラック

ポイント　暖流と寒流がぶつかるところはプランクトンが多く集まることから、魚も豊富です。東北地方の三陸沖は暖流と寒流がぶつかる良い漁場となっています。

きほんのドリル

ステップ1

時間 15分

問／9問中

月　日

サクッと
こたえ
あわせ

答え 74ページ

15.

わたしたちのくらしと食料生産⑥
新しい漁業

（　　　）にあてはまる言葉を、右の□に書きましょう。

◉ 1970年代の後半ごろ、各国の沿岸から200海里までの範囲に（　①　）が定められたことで、外国の船がとる魚の量が制限され、日本の遠洋漁業の漁獲量は減った。

◉ 海や川、湖からとれる魚や貝、海そうなどを（　②　）資源という。漁場の環境の悪化や魚のとりすぎにより（　②　）資源が減ったこと、外国からの（　③　）が増えたことで、日本は近海で行う沖合漁業や海岸近くで行う沿岸漁業の生産量も減っている。

◉ 海の中のプランクトンが大量に発生して海が赤くなることを（　④　）といい、魚が死んでしまうことがある。

◉ 魚のたまごをかえして稚魚を成魚になるまでいけすなどで人工的に育ててとる漁業を（　⑤　）という。魚のたまごをかえしたあと、稚魚を海や川に放流して自然の中で大きくなったものをとる漁業を（　⑥　）漁業という。（　⑤　）や（　⑥　）漁業のような漁業をあわせて（　⑦　）漁業という。

◉ MSC「海のエコラベル」❶は、その魚や貝などが、（　②　）資源や海の環境を守りながら行われた（　⑧　）可能な漁業でとられたものであることを示している。

↑❶MSC「海のエコラベル」

◉ 漁業に使う（　⑨　）の目を大きくして、それに引っかからない小さな魚をとらないことも（　②　）資源を守る取り組みである。

| ① |
| ② |
| ③ |
| ④ |
| ⑤ |
| ⑥ |
| ⑦ |
| ⑧ |
| ⑨ |

森の環境を守ることも海を豊かにして
水産資源を守ることにつながります。

きほんのドリル 15

 ステップ2

時間 15分　合格 80点　/100

月　日

サクッと
こたえ
あわせ

答え 74ページ

わたしたちのくらしと食料生産⑥
新しい漁業

1 右の漁業別の生産量の変化のグラフについて述べたあとの文中の①〜⑤にあてはまる言葉を、▨▨▨から選びましょう。

50点（1つ10）

沖合漁業

遠洋漁業

輸入（ゆにゅう）

水産資源（しげん）

排他的経済水域（はいたてきけいざいすいいき）

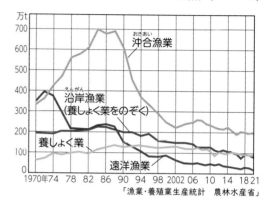

沖合漁業（おきあい）

沿岸漁業（えんがん）（養しょく業をのぞく）

養しょく業

遠洋漁業

1970年 74　78　82　86　90　94　98　2002　06　10　14　18　21

「漁業・養殖業生産統計　農林水産省」

　　日本の漁業は、1970年代後半ごろから（① 　　　　　　）の生産量が減っている。これは（② 　　　　　　）の設定（せってい）によって遠くの海で自由に漁業ができなくなったためである。（①）の生産量が減った時期に生産量が増え（ふ）ている（③ 　　　　　　）は、日本の近海で行う漁業であるが、これも1980年代後半から減っている。これは、（④ 　　　　　　）そのものが減ってしまったことや、外国から安い魚が（⑤ 　　　　　　）されるようになったことが理由としてあげられる。

2 日本の水産業について述べた文のうち、正しいものには○を、まちがっているものには×をつけましょう。

50点（1つ10）

①（　　）海のエコラベルがつけられた水産物は、持続可能（かのう）な漁業でとられた水産物であることを示（しめ）している。

②（　　）魚のたまごをかえして成魚になるまで育ててとるさいばい漁業が行われている。

③（　　）海の環境（かんきょう）を守るためにあみ目の大きいあみで漁業を行っている。

④（　　）魚がよくとれる赤潮（あかしお）の発生している場所で漁業を行っている。

⑤（　　）国内の魚の消費量（しょうひりょう）を上げるために、魚はとれるだけとる。

ポイント　日本の水産業は、漁業で働く人の数が減っているという問題もかかえています。近年は、多くの外国人技能（ぎのう）実習生が日本の水産業の仕事をしています。

きほんの
ドリル
16

ステップ1

時間 15分

問／9問中

月　日

サクッと
こたえ
あわせ

答え 74ページ

わたしたちのくらしと食料生産⑦
これからの食料生産

（　　　）にあてはまる言葉を、右の□□に書きましょう。

- 国内で消費された食料のうち、どのくらいの量を国内で生産されたものでまかなえたかを表すわりあいを（　①　）という。

- 日本は食料の多くを（　②　）にたよっており、外国に比べて（　①　）が低い。

- 日本では長い間、（　③　）の（　①　）は90％をこえている❶が、（　③　）の消費量は減っている。

- パンの原料となる（　④　）や大豆の（　①　）は20％以下である。

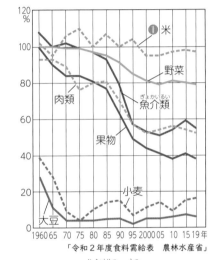

「令和2年度食料需給表　農林水産省」
↑主な食料の自給率の移り変わり

- 地域で生産したものをその地域で消費することを（　⑤　）という。（　⑤　）をすすめると、遠くで生産されたものを食べるよりも（　⑥　）にかかる燃料などが少なくてすむので、（　⑦　）への負担が少ない。

- 食の安全のために、その食品がいつ、どこで、どのように生産されたのかを知ることができる（　⑧　）というしくみが整えられている。

- 農業や水産業で働く人の数が（　⑨　）いることも、（　①　）が低い原因の1つである。

①

②

③

④

⑤

⑥

⑦

⑧

⑨

日本では、食品の廃棄量（食品ロス）が多いことも問題になっているよ！

きほんの
ドリル
16.

ステップ2

時間 15分

合格 80点 　/100

月　日

サクッと
こたえ
あわせ

答え 74ページ

わたしたちのくらしと食料生産⑦
これからの食料生産

1 グラフを見て、次の問いに答えましょう。 50点（1つ10）

(1) グラフ中の①・②にあてはまる食料をそれぞれ書きましょう。

①(　　　　　　　)

②(　　　　　　　)

(2) グラフ中の国内の生産量でまかないきれていない食料を輸入にたよることで、どのような問題が発生しますか。かんたんに書きましょう。

(　　　　　　　　　　　　　　　　　)

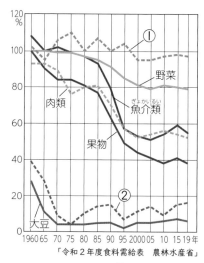

↑主な食料の自給率の移り変わり

(3) 日本の食料自給率が低いことの原因として正しいものを、次の⑦～⑨から2つ選びましょう。

(　　・　　)

⑦ 農業・水産業で働く人が減って農水産物を生産できる量が減っている。

⑨ 国内産よりも外国産のほうがおいしいため、外国産を買う人が多い。

⑨ 人口が増えてこれまで生産していた量では足りなくなった。

⑨ 国内産よりも外国産のほうが安いため、外国産を買う人が多い。

2 日本の食への取り組みについて、文中にあてはまる正しい言葉を選び、◯で囲みましょう。 50点（1つ10）

　日本は多くの食品を①{ 輸出　・　輸入 }にたよっているが、それらの食品は②{ 検疫所　・　農業協同組合 }で日本の法律に適した原材料やつくり方で生産されたかどうか検査されている。また、いつ、だれが、どのようにその食料を生産したかを知ることができる③{ 食品ロス　・　トレーサビリティ }のしくみも整えられている。これらは消費者が食品を④{ 安全に　・　安く }食べることができるための取り組みである。また近年は、なるべく住んでいる地域から⑤{ 遠い　・　近い }ところで生産された食材を食べる地産地消の取り組みがすすめられている。

ポイント わたしたちが国内で生産されたものや住んでいる地域のものを食べることは、国内の農業や水産業を活性化させ、食料自給率を上げることにつながります。

まとめのドリル 17

わたしたちのくらしと食料生産①～⑦

時間 20分　合格 80点　／100

月　日

サクッとこたえあわせ　答え 75ページ

1 次の地図は、あとの㋐～㋔とレタス、ぶたの生産量上位3道県を示(しめ)したものです。地図中の①～⑤にあてはまる農産物を㋐～㋔からそれぞれ選びましょう。

25点（1つ5）

①（　　　）
②（　　　）
③（　　　）
④（　　　）
⑤（　　　）

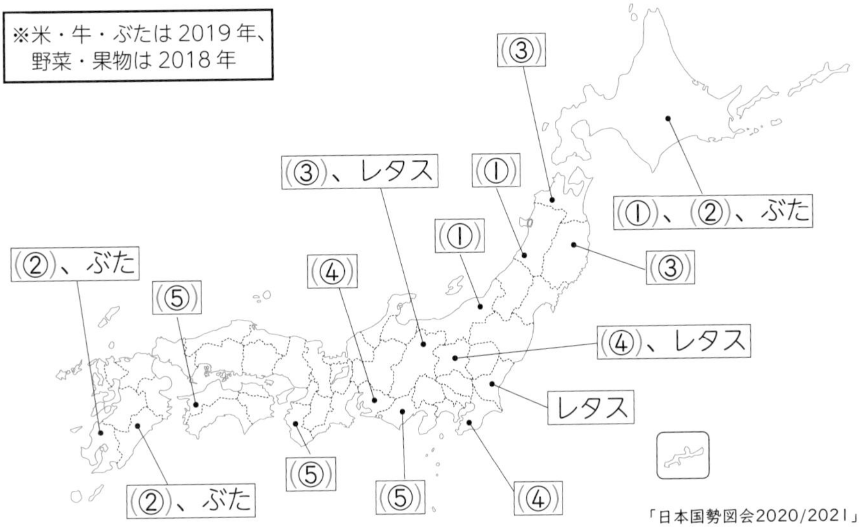

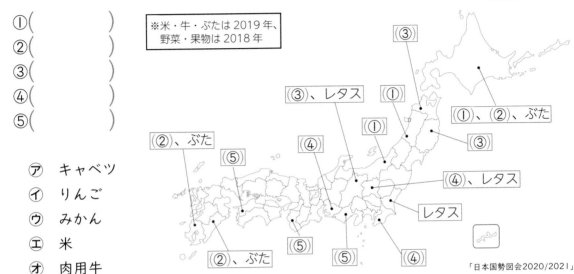

※米・牛・ぶたは2019年、野菜・果物は2018年
③
③、レタス
①
①、②、ぶた
①
③
②、ぶた
⑤
④
④、レタス
レタス
②、ぶた
⑤
⑤
④

「日本国勢図会2020/2021」

㋐ キャベツ
㋑ りんご
㋒ みかん
㋓ 米
㋔ 肉用牛

2 グラフを見て、次の問いに答えましょう。

25点（1つ5）

(1) グラフでは、稲(いね)かりや草とりの作業の時間が特に短くなっています。その理由を述(の)べた次の文中の①・②にあてはまる言葉を書きましょう。

（①　　　　　）によって水田が広くなり、形も整い、大型(おおがた)（②　　　　　）を使用することができるようになったから。

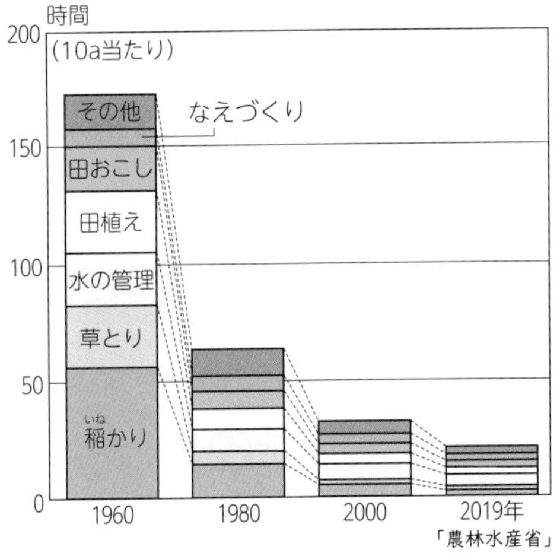

時間
(10a当たり)
200
150
100
50
0
その他
なえづくり
田おこし
田植え
水の管理
草とり
稲かり
1960
1980
2000
2019年

「農林水産省」

↑米づくりにかかる時間の変化

(2) 米づくりに関する①～③についての説明を右の㋐～㋒から選び、それぞれ線でつなぎましょう。

① カントリーエレベーター　●
② 品種改良　●
③ アイガモ農法　●

●㋐ 農薬にたよらないくふう
●㋑ 米を保管(ほかん)して品質(ひんしつ)を保(たも)つ
●㋒ よりおいしい米の開発

うらのページに続くよ！

3 次の問いに答えましょう。 　　　　　　　　　　　　　25点（1つ5）

(1) 日本の太平洋側を流れる暖流と寒流をそれぞれ何といいますか。

暖流（　　　　　　　　　）　寒流（　　　　　　　　　）

(2) 右の図で示したような漁業を何といいます か。　　　（　　　　　　　　　）

(3) (2)のような漁業を行っている理由をかん たんに書きましょう。

（

　

　

）

(4) 持続可能な漁業でとられた水産物につけ られるしるしを何といいますか。

（　　　　　　　　　）

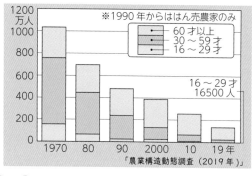

魚をとる

たまごをかえし 稚魚を育てる

魚を放流する

4 グラフを見て、次の問いに答えましょう。 　　　　　　　　　　　25点（1つ5）

⑦年齢別農業人口の移り変わり　　　　⑦米の生産量と消費量の移り変わり

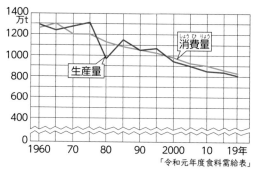

1200 万人
※1990年からははん売農家のみ
60才以上
30～59才
16～29才
1000
800
600
16～29才
16500人
400
200
0
1970 80 90 2000 10 19年
「農業構造動態調査（2019年）」

1400 万t
1200
消費量
1000
800
生産量
600
400
0
1960 70 80 90 2000 10 19年
「令和元年度食料需給表」

(1) ⑦のグラフから読み取れる、日本の農業がかかえる問題をかんたんに書きましょ う。（

　

）

(2) ⑦のグラフをもとに、日本の食料生産について述べた次の文中の①～④にあては まる言葉を書きましょう。

日本の米の消費量は年々（①　　　　　　　）おり、生産量も（①）いる。生 産しても消費されなければ農家は収入が安定しないため、農業を続けられず(1) のような問題が発生する。米以外の作物についても、消費者が国内産よりも価 格の（②　　　　　　　）外国産の農産物を買ったり、（③　　　　　　　）の変 化によって外国産のものを多く消費したりするようになると、国内の農家はだ げきを受ける。このことが日本の　（④　　　　　　　）を低下させる原因にも なっている。

きほんの ドリル
18.
ステップ1
時間15分
問／8問中
月　日

サクッと こたえ あわせ
答え 75ページ

わたしたちのくらしと工業生産①
くらしの中にある工業製品(せいひん)

（　　　）にあてはまる言葉を、右の□に書きましょう。

◉ 自然の中にある資源(しげん)に手を加えて形や性質を変え、人々のくらしを便利にするものをつくる産業を工業という。

◉ さまざまな部品を組み立てることでものをつくる工業を（　①　）工業という。

◉ 鉄や銅(どう)などの資源を加工して形を変えたりする工業を（　②　）工業、薬品や洗剤(せんざい)のように、いくつかの原料を反応(はんのう)させることで製品をつくる工業を（　③　）工業という。

◉ 日本で最も工業生産額(がく)が多い工業地域(ちいき)・地帯は（　④　）である。

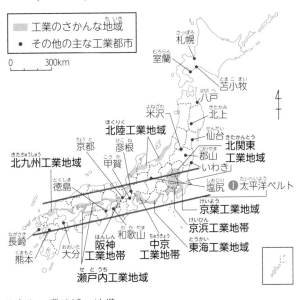

↑主な工業地域・地帯

◉ 日本の主な工業地域・地帯は（　⑤　）ぞいに集中している。

◉ 工業地域・地帯が集中している関東(かんとう)地方南部から九州(きゅうしゅう)地方北部までを（　⑥　）という。❶

◉ 工業製品をつくる工場には、働く人の数が300人以上の（　⑦　）と299人以下の（　⑧　）があり、日本の工場のほとんどは（　⑧　）である。

①
②
③
④
⑤
⑥
⑦
⑧

現在(げんざい)の日本の工業は、機械工業が中心だよ！

きほんの
ドリル
18
 ステップ2

時間 15分　合格 80点　/100

月　日

サクッと
こたえ
あわせ

答え 75ページ

わたしたちのくらしと工業生産①
くらしの中にある工業製品

1 地図を見て、次の問いに答えましょう。　　50点（1つ10）

(1) 地図中の①・②で示した工業地帯を
何といいますか。

①(　　　　　　　　　)
②(　　　　　　　　　)

(2) 次のグラフは、地図中の②の工業地
帯の生産額を示しています。グラフ中
の⑦にあてはまる工業を書きましょう。

（計：60兆2425億円）

せんい 0.7
化学 6.4

| ⑦69.1% | 金属 9.6 | その他 9.6 |

食料品 4.6

「日本国勢図会2021/22年版、2020年工業統計表」

(　　　　　　　　　)工業

工業のさかんな地域
● その他の主な工業都市
0　　300km

札幌
室蘭
苫小牧
八戸
米沢
北上
京都　彦根　仙台
甲賀　郡山
徳島　いわき
③
長崎　和歌山
熊本　大分
②　①

(3) 地図中の③で示した、工業地域・地帯が集中している地域を何といいますか。

(　　　　　　　　　　　　　　　　　　)

(4) (3)の地域に工業地域・地帯が集中している理由をかんたんに書きましょう。

(　　　　　　　　　　　　　　　　　　　　　　　　　　　　　　　　　　　　　　)

2 次の問いに答えましょう。　　50点（1つ10）

(1) 右のグラフは、日本の従業者数別工場数を
示しています。中小工場にあたるのはグラフ
中の⑦・⑦のどちらですか。

(　　　　　　)

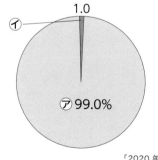

1.0
⑦
⑦99.0%

「2020年工業統計表」

(2) 工業について述べた文のうち、正しいもの
には○を、まちがっているものには×をつけ
ましょう。

①(　　　)機械工業と金属工業は重工業という。

②(　　　)日本では工業地域は内陸部にはない。

③(　　　)大工場といわれるのは、働く人の数が1000人以上の工場である。

④(　　　)日本の工業の中心は金属工業である。

ポイント　時代とともに工業製品が改良されていくと、人々のくらしは大きく変化し、より便利になっ
ていきました。

きほんの ドリル 19。

 ステップ1

時間 15分

問 ／ 8問中

月 日

サクッと こたえ あわせ

答え 75ページ

わたしたちのくらしと工業生産②
自動車を生産する工業1

（　　　　）にあてはまる言葉を、右の□に書きましょう。

● 日本の工業は機械工業がさかんであるが、機械の中でも自動車などの（　①　）用機械の生産が多く❶、特に愛知県（　②　）市を中心とした（　③　）工業地帯は自動車の生産がさかん❷である。

総生産額：147兆5429億円

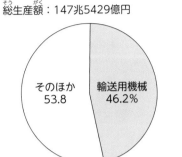

そのほか 53.8

輸送用機械 46.2%

(2019年)「2020年工業統計表」

↑❶機械工業の生産額にしめる輸送用機械のわりあい

● 自動車工場の中はさらにいくつもの工場にわかれている。プレス工場で車体の部品をつくり、ようせつ工場でつなぎ合わせて車体をつくる。

総生産額：68兆1009億円

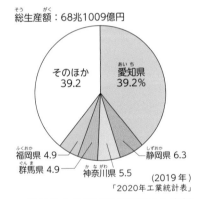

そのほか 39.2

愛知県 39.2%

福岡県 4.9
群馬県 4.9
神奈川県 5.5
静岡県 6.3

(2019年)「2020年工業統計表」

↑❷都道府県別輸送用機械の生産額のわりあい

● ようせつされた車体は（　④　）工場でさまざまな色にぬられ、（　⑤　）工場でエンジンやシート、ドアなどを取り付ける。

● （　⑤　）工場では、一定の速さで進む（　⑥　）の上でコンベヤーにのって流れてくる車体に、それぞれが分たんして決まった部品を取り付けている。

● ようせつや（　④　）の際には（　⑦　）を使って効率よく作業している。

● 完成した自動車は、最後に必ず人が（　⑧　）を行う。

①
②
③
④
⑤
⑥
⑦
⑧

どの工場でも、最後は必ず人が検査をします。

きほんの
ドリル
19.
ステップ2
時間 15分
合格 80点
/100
月　日

サクッと
こたえ
あわせ
答え 75ページ

わたしたちのくらしと工業生産②
自動車を生産する工業1

1 日本の工業について、次の文にあてはまる正しい言葉を選び、◯で囲みましょう。

50点（1つ10）

　日本の工業は機械工業が中心で、その中でも特に
①{ 自動車 ・ パソコン }などの②{ 輸送用 ・ 電気 }機械の生産わりあいが高い。
　特に③{ 東京都 ・ 愛知県 }がある④{ 中京 ・ 京浜 }工業地帯でそれらの生産わりあいが高く、その地域には大きな工場だけでなく、それらに関連する⑤{ 印刷所 ・ 部品工場 }もたくさんある。

2 図を見て、次の問いに答えましょう。

50点（1つ10）

(1) 自動車ができるまでを示した次の図の①～④にあてはまる言葉を、　　から選びましょう。

①(　　　　　　)
②(　　　　　　)
③(　　　　　　)
④(　　　　　　)

とそう
組み立て
プレス
ようせつ

①
②

③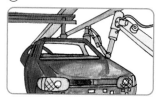
④

(2) ④でそれぞれが決められた作業を分たんして順番どおりに製品を生産する流れを何といいますか。

(　　　　　　　　)

⑤ 検査

⑥ 出荷

ポイント
自動車工場は広いしきちをもち、その中で作業ごとの工場にわかれています。それらの工場でロボットや人が作業を分たんして大量の自動車をつくっています。

きほんの
ドリル
20.

ステップ1

時間 15分

問／8問中

月　　日

サクッと
こたえ
あわせ

答え 75ページ

わたしたちのくらしと工業生産③
自動車を生産する工業2

（　　）にあてはまる言葉を、右の□に書きましょう。

◉ 自動車をつくるときに必要なシートやハンドルなどさまざまな部品をつくる工場を（　①　）という。

◉（　①　）は自動車工場の近くにあり、指定された時間までに必要な部品を必要な分だけ組み立て工場にとどけている。

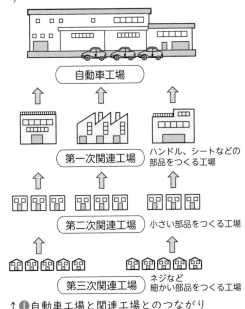

自動車工場

第一次関連工場　ハンドル、シートなどの部品をつくる工場

第二次関連工場　小さい部品をつくる工場

第三次関連工場　ネジなど細かい部品をつくる工場

↑❶自動車工場と関連工場とのつながり

◉ 完成した自動車は、遠い地域へは専用の（　②　）で運ばれるため、自動車工場の多くは（　③　）の近くにある。

◉ 自動車工場から近い場所や、（　③　）からはん売店に自動車を運ぶときは（　④　）を使う。

◉ 日本の自動車は、外国に（　⑤　）されているが、近年は自動車会社が世界に工場をもち、その国の人をやとってその国で自動車を生産する（　⑥　）が増えている。

◉ 自動車会社は、きけんをさけて自動運転をしてくれるような（　⑦　）性の高い自動車や、電気自動車のような（　⑧　）にやさしい自動車など、人々のニーズ（願い）にこたえる形で自動車開発を進めている。

車いすのまま乗りおりできたり、手だけで運転できたりするような、だれもが使いやすい自動車の開発もされているよ！

①

②

③

④

⑤

⑥

⑦

⑧

きほんの
ドリル
20

ステップ2

時間 15分
合格 80点
/100

月　日
サクッと
こたえ
あわせ
答え 75ページ

わたしたちのくらしと工業生産③
自動車を生産する工業2

1 自動車の生産について述べた文として、正しいものには○を、まちがっているものには×をつけましょう。　50点（1つ10）

①(　　) 1つの自動車に使われているさまざまな部品は、1つの工場で生産され、その場で組み立てられている。

②(　　) 自動車工場の近くには関連工場があり、関連工場でつくられた部品を自動車工場に配送して組み立てている。

③(　　) 関連工場では、自動車工場が品不足にならないように、できるだけたくさんの部品をつくって自動車工場に配送している。

④(　　) 関連工場からは、必要なときに必要な分だけ部品が自動車工場に運ばれている。

⑤(　　) 関連工場は、自分たちで考えた部品をつくって自動車工場に配送している。

2 日本の自動車の生産台数の移り変わりを示したグラフを見て、次の問いに答えましょう。　50点（1つ10）

(1) グラフについて述べた次の文中の①～④にあてはまる言葉を、あとの⑦～⑤から選びましょう。

> 日本の自動車は、近年は
> (①　　　　)よりも(②　　　　)
> で多く生産している。これは(①)で
> 生産した自動車を(③　　　　)す
> るよりも(②)で生産する方が
> (④　　　　)が安くすむからであ
> る。

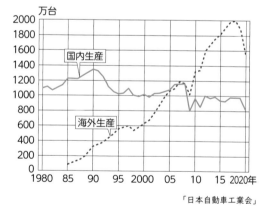

「日本自動車工業会」

⑦ 費用　　⑦ 国内　　⑦ 海外　　⑤ 輸出

(2) 電気自動車は、人々のどのようなニーズ（願い）にこたえて開発されたものですか。かんたんに書きましょう。

(　　　　　　　　　　　　　　　　　　　　　　　　　　　　　　)

というニーズ（願い）

ポイント　海外生産をすることは、その国の人々に日本の技術を伝え、その国の工業の発展にこうけんするという意味もあります。

きほんのドリル
21.
ステップ1
時間 15分
問／8問中
月　日
サクッと
こたえ
あわせ
答え 76ページ

わたしたちのくらしと工業生産④
工業製品の輸送と日本の貿易

（　　　）にあてはまる言葉を、右の□に書きましょう。

● 自動車や船などを使って、人やものを運ぶ仕事を（　①　）といい、工業は（　①　）によって支えられている。

● 外国へものを売ることを輸出、外国からものを買うことを輸入といい、これらをあわせて（　②　）という。

● 日本は工業生産に必要な燃料や原材料のほとんどを輸入にたよっている。オーストラリアやブラジルからは鉄鉱石を、サウジアラビアやアラブ首長国連邦からは（　③　）を輸入している。

● 日本はかつて資源を輸入して、それをもとに（　④　）類をつくって輸出していたが、近年は（　④　）類の輸入も増えている。❶

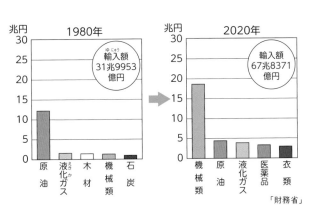

↑❶日本の主な輸入品の変化

● コンピューターやテレビなどに使われる、大量の情報を記憶させることができる小型の電子部品を（　⑤　）という。

● （　⑤　）やカメラ、薬品など小さくて高価なものは（　⑥　）で運ばれる。

● 近年、高速道路の整備が進んで国内の貨物は（　⑦　）での輸送が減り、（　⑧　）での輸送が増えた。

①
②
③
④
⑤
⑥
⑦
⑧

原油はタンカーという液体を運ぶ船で輸送されてくるよ！

きほんの
ドリル
21

ステップ2

時間 15分　合格 80点 ／100　月　日

サクッと
こたえ
あわせ

答え 76ページ

わたしたちのくらしと工業生産④
工業製品の輸送と日本の貿易

1 次の問いに答えましょう。　　　　　　　　　　　　　　50点（1つ10）

(1) 次の①～③で説明している輸送手段を右のア～ウからそれぞれ選び、線でつなぎましょう。

① | 集積回路（IC）など小さくて高価なものの輸送に適している。 | ● | ● | ㋐ | 船

② | 原油などの資源を外国から運んでくるのに適している。 | ● | ● | ㋑ | トラック

③ | さまざまなものを出発地から目的地まで直接運ぶことができる。 | ● | ● | ㋒ | 飛行機

(2) 鉄道輸送のよいところについて、あてはまる言葉を書きましょう。

① 自動車と比べて（　　　　　　）の排出量が少ない。

② 線路の上を走るので（　　　　　　）通りに荷物を運べる。

2 グラフを見て、次の問いに答えましょう。　　　　　　　50点（1つ10）

(1) 1960年の輸出品のわりあいで最も多いものは何ですか。　（　　　　　）

(2) 1970年から輸出品の第1位をしめているものは何ですか。　（　　　　　）

(3) 1980年から新たに輸出品となったものは何ですか。

（　　　　　　　　　　）

(4) 自動車の輸出わりあいが下がった時期はいつですか。　（　　年から　　年）

(5) (4)の時期に何が進んだと考えられますか。あてはまる言葉を書きましょう。

自動車の（　　　　　　　　）

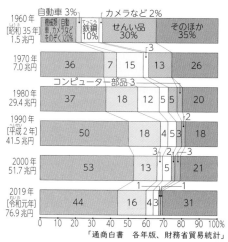

↑主な輸出品の取りあつかい額のわりあいの変化

「通商白書 各年版、財務省貿易統計」

ポイント 日本の貿易は、かつては原材料を輸入して、それをもとに機械製品などを生産して輸出するというものでしたが、近年は機械類の輸入も増えています。

きほんの ドリル **22.** ステップ**1**

時間 15分　　　問／8問中

月　　日

サクッと こたえ あわせ

答え **76ページ**

わたしたちのくらしと工業生産⑤
これからの工業生産

（　　　　）にあてはまる言葉を、右の□に書きましょう。

◉ 日本では工場の数や工場で働く人の数は（ ① ）いる。❶

◉ 日本にある工場の90％以上が従業員（じゅうぎょういん）299人以下の（ ② ）❷である。

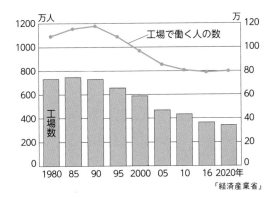

↑❶工場の数と工場で働く人の数の変化

「経済産業省」

◉ 石川県（いしかわ）の輪島塗（わじまぬり）や福井県のめがねなど、日本各地には、（ ③ ）を生かした工業が残されている。

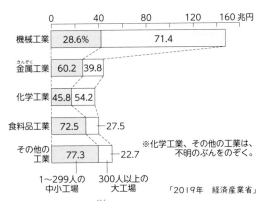

※化学工業、その他の工業は、不明のぶんをのぞく。

1～299人の中小工場　　300人以上の大工場

「2019年　経済産業省」

↑❷各工業の生産額（がく）にしめる中小工場と大工場のわりあい

◉ （ ② ）が数多く集まる東京都大田区（とうきょうと おおた）や大阪府東大阪市（おおさか ふ ひがしおおさか）などでは、それぞれの（ ② ）がもつ高い（ ④ ）を生かして各工程（こうてい）を（ ⑤ ）して1つの製品（せいひん）をつくるなどしている。

◉ これからの工業生産では、（ ⑥ ）の人々のことを考えて資源（しげん）を使い切ってしまうことなく、（ ⑦ ）に配慮（はいりょ）した（ ⑧ ）可（か）能な社会を実現（じつげん）していけるような（ ④ ）のあり方が求められている。

①
②
③
④
⑤
⑥
⑦
⑧

中小工場には、それぞれが独自（どくじ）でもっている高い技術力（ぎじゅつりょく）があります。

きほんの
ドリル
22

ステップ2

時間 **15**分　合格 **80**点　/100

月　日

サクッと
こたえ
あわせ

答え **76**ページ

わたしたちのくらしと工業生産⑤
これからの工業生産

1 2つのグラフをもとに述べた日本の工業生産がかかえる問題について、あとの文にあてはまる正しい言葉を選び、◯で囲みましょう。　50点（1つ10）

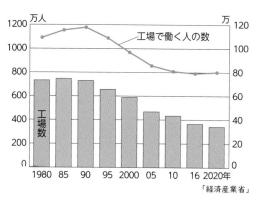

↑国内の工場の数と工場で働く人の数の変化

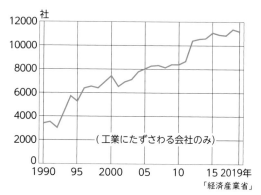

↑外国にある日本の会社の数の変化

　国内の工場数は①{ 減って ・ 増えて }いるが、外国にある日本の工業にたずさわる会社は②{ 減って ・ 増えて }いることから、多くの会社が③{ 外国 ・ 国内 }に工場を置いていると考えられる。それによって外国産の④{ 安い ・ 高い }工業製品がたくさん入ってくると、日本の工業生産がふるわなくなり、日本の工場で働く人の数もますます⑤{ 減って ・ 増えて }しまう。

2 これからの日本の工業生産において大切なこととして、正しいものには◯を、まちがっているものには×をつけましょう。　50点（1つ10）

①(　)環境に配慮した持続可能な社会を目指すことが大切。
②(　)資源の豊かな外国で、日本のための製品をつくることが大切。
③(　)少子高齢化に対応したあらゆる人に役立つ製品をつくることが大切。
④(　)日本の伝統技術を生かした製品の輸出を進めることが大切。
⑤(　)中小工場を1つにまとめて大工場を増やすことが大切。

ポイント 工業生産に必要な資源のほとんどを外国からの輸入にたよっている日本では、新たなエネルギー源として再生可能エネルギーの開発が進められています。

わたしたちのくらしと
工業生産①〜⑤

サクッと
こたえ
あわせ

答え **76**ページ

1 次の問いに答えましょう。　　　　　　　　　35点（1つ5）

(1) 地図中の①〜③のうち、中京工業地帯にあたるものを選びましょう。

（　　　　　）

(2) 地図中の④の工業地域を何といいますか。（　　　　　）

(3) 地図中の⑤のような内陸の工業地域で生産されているものを次の⑦〜⑦から選びましょう。（　　　　　）

　⑦ 船　　⑦ 鉄鋼

　⑦ 集積回路（IC）

(4) 地図中のあを何といいますか。

（　　　　　　　　　　）

(5) 地図中のあに工業地域・地帯が集中している理由をかんたんに書きましょう。

（　　　　　　　　　　　　　　　　　　　　　　　　　　　　）

工業のさかんな地域
• その他の主な工業都市

0　　300km

札幌／室蘭／苫小牧／八戸／米沢／北上／仙台／京都／彦根／甲賀／郡山／いわき／⑤／徳島／和歌山／塩尻／あ／①／②／③／長崎／熊本／大分

(6) 日本の工業生産額の種類別わりあいを示した右のグラフ中の⑧にあてはまる工業を書きましょう。（　　　　　　）工業

(7) (6)のうち、生産額の40％以上をしめているものは何ですか。（　　　　　　）

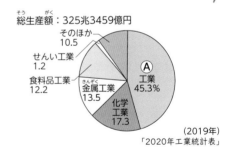

総生産額：325兆3459億円

そのほか 10.5
せんい工業 1.2
食料品工業 12.2
金属工業 13.5
化学工業 17.3
⑧工業 45.3%

(2019年)
「2020年工業統計表」

2 図を見て、次の問いに答えましょう。　　　　15点（1つ5）

(1) 右の図は、自動車づくりにかかわる工場を示したものです。図中の①・②にあてはまる説明を、次の⑦・⑦からそれぞれ選びましょう。

　　①（　　　　）　②（　　　　）

　⑦ 細かな部品をつくる工場

　⑦ 組み立て工場

(2) 図中のあの工場を何といいますか。

（　　　　　　　　　　）

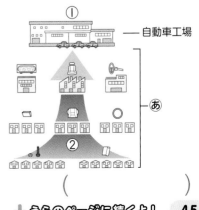

① ／ 自動車工場 ／ あ ／ ②

↓うらのページに続くよ！　　**45**

3 次の問いに答えましょう。

(1) 右の絵は自動車ができるまでの作業の１つです。この作業を何といいますか。

（　　　　　　　　　　）

(2) 次に示した自動車ができるまでの流れに右の絵の作業を入れる場合、①～④のどこに入れるのが正しいですか。

（　　　　　　　　　　）

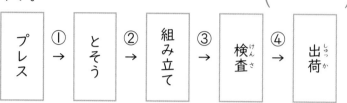

| プレス | → ① | とそう | → ② | 組み立て | → ③ | 検査 | → ④ | 出荷 |

(3) 自動車ができるまでについて次の文中の①～③にあてはまる言葉を書きましょう。

組み立て工場では、チームを組んで作業を分たんし、それぞれが受け持つ作業を（①　　　　　　　　　　）の上で行って１台の自動車をつくっている。工場では（②　　　　　　　）が行う作業もあるが、どの工程でも最後は必ず（③　　　　　　　）が確認している。

4 図を見て、次の問いに答えましょう。

(1) 図中の①・②にあてはまる輸入品をそれぞれ書きましょう。

①（　　　　　　　　）
②（　　　　　　　　）

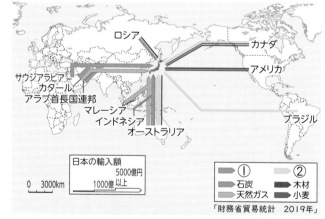

↑日本の主な輸入品の輸入相手国

(2) 日本の貿易や工業生産について述べた文として正しいものには〇を、まちがっているものには×をつけましょう。

①（　　　）日本は輸入した資源をもとに工業製品をつくって輸出するという貿易をしているため工業製品は輸入していない。

②（　　　）日本は、かつてはせんい品が輸出品の多くをしめていたが、現在は機械類の輸出が中心である。

③（　　　）日本の会社はさまざまな費用が安い外国に工場を置いて現地生産するようになったため、国内の工場や工場で働く人の数が減っている。

きほんの
ドリル
24.
ステップ1
時間 15分
問／8問中
月　日
サクッと
こたえ
あわせ

答え 76ページ

情報社会とわたしたち①
くらしの中の情報

（　　　）にあてはまる言葉を、右の□に書きましょう。

◉ わたしたちの生活に欠かせない情報を送る方法や手段のことを
（　①　）といい、一度に多くの人に同じ情報を送る方法のこと
をマス（　①　）という。

◉ マス（　①　）のうち、音
声と映像を使って多くの
人に情報を伝えるものを
（　②　）❶という。

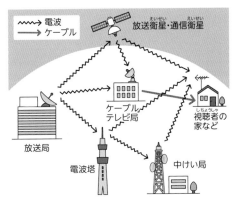

↑❶テレビ放送がとどくまで

◉ マス（　①　）のうち、文
字を使って多くの人に情
報を伝えるものには
（　③　）や雑誌がある。

◉ 近年、多くの人が利用している（　④　）は、世界中の情報を得
るだけでなく、利用者も情報を発信することができる（　①　）
である。

◉（　②　）で放送される、その日のできごとを、映像などを使っ
て放送する番組を（　⑤　）番組という。

◉（　②　）や（　③　）では、情報収集のために、記者が現地に行っ
て話を聞くなどの（　⑥　）を行う。集めた情報をそのまま発信
するのではなく、何を、どう発信するか編集会議を行う。

◉ マス（　①　）は、あいまいな情報による報道（　⑦　）を生まないために、（　⑧　）な
情報を発信する責任がある。

①
②
③
④
⑤
⑥
⑦
⑧

チラシやかんばんに書かれていることも情報の1つだよ！

きほんの
ドリル
24.

ステップ2

情報社会とわたしたち①
くらしの中の情報

時間 15分　合格 80点　/100

月　日

サクッと
こたえ
あわせ

答え 76ページ

1 次の問いに答えましょう。　　　　　　　　　　　　　　　50点（1つ10）

(1) 次の①〜④のメディアの説明にあたるものを、右の⑦〜㋑からそれぞれ選び、線でつなぎましょう。

①　インターネット●

②　新聞　　　　　●

③　テレビ　　　　●

④　ラジオ　　　　●

●⑦　多くの人が映像や音声で同じ情報を素早く知ることができる。

●㋑　多くの人が音声で同じ情報を素早く知ることができ、電池式のものであれば停電していても情報を得られる。

●㋒　個人が自分で情報を発信したり、自分に必要な情報を選んで得たりすることができる。

●㋓　多くの人が文字や写真で同じ情報を知ることができ、何度も情報を読み返せる。

(2) (1)の①〜④のうち、マスメディアにあたらないものを選びましょう。

（　　　　　）

2 新聞がとどくまでを示した図を見て、問いに答えましょう。　　50点（1つ10）

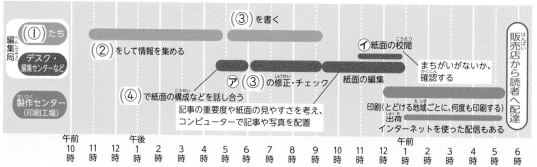

(1) 図中の①〜④にあてはまる言葉を、次の⑦〜㋓からそれぞれ選びましょう。

①（　　　　　）②（　　　　　）③（　　　　　）④（　　　　　）

⑦　編集会議　㋑　原稿　㋒　取材　㋓　記者

(2) 図中の⑦や㋑などで内容を何度もチェックするのは、どのような情報をとどける責任があるからですか。

（　　　　　）な情報

ポイント　新聞やテレビなどのマスメディアは多くの人に情報をとどけるため、その内容にあやまりがあると、社会に大きなえいきょうをあたえます。

冬休みの
ホームテスト

25.

わたしたちのくらしと食料生産⑤～⑦
わたしたちのくらしと工業生産①～⑤
情報社会とわたしたち①

時間 20分　合格 80点　　／100

サクッと
こたえ
あわせ

答え 77ページ

⭐ **❶** グラフを見て、次の問いに答えましょう。　　　　　　25点（1つ5）

(1) 右のグラフは、それぞれの食品について、国内で食べられている量のうち、国内産のものがどのくらいのわりあいかを示したものです。このわりあいを何といいますか。

（　　　　　　　　）

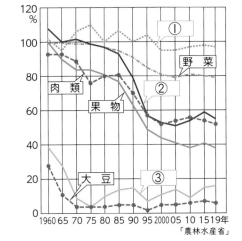

「農林水産省」

(2) グラフ中の①～③の食品にあたるものを、次の⑦～⑦からそれぞれ選びましょう。

①（　　　　　）　②（　　　　　）
③（　　　　　）

⑦　魚介類　　⑦　米　　⑦　小麦

(3) (1)のわりあいを上げるために消費者が行うべき取り組みにあたるものを、次の①～④から選びましょう。
（　　　　　　　　）

①　食品ロス　　②　トレーサビリティ　　③　地産地消　　④　品種改良

⭐ **❷** 自動車をつくる工場の図を見て、次の問いに答えましょう。　　25点（1つ5）

(1) 図中の①の工場を何といいますか。

（　　　　　　　　）

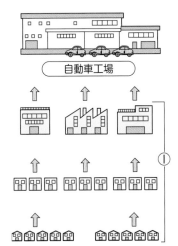

自動車工場

(2) 図中の①の工場では、次の工場が必要とするときに必要な分だけの部品を納めていますが、その利点と問題点について、次の文中の①・②にあてはまる言葉を書きましょう。

> 自動車工場では、部品を（①　　　　　　）ことがなくなるが、1つの工場からの部品がとどかないだけで自動車を（②　　　　　　）できなくなってしまう。

(3) 自動車など、輸送用機械の生産額が最も多い都道府県を書きましょう。

（　　　　　　　　）

(4) 国内ではなく海外に工場をつくり、そこで自動車を生産することを何といいますか。

（　　　　　　　　）

↓うらのページに続くよ！

3 日本の工業と貿易について述べた文として、正しいものには○を、まちがっているものには×をつけましょう。

25点（1つ5）

①（　　　　）日本の工業地域・地帯が海沿いに集中しているのは、日本が石炭や鉄鉱石などの資源が豊かで、それらを船で輸出するのに便利だからである。

②（　　　　）日本は機械類の生産がさかんで、これらをさかんに輸出しているため、外国から機械類の輸入はしていない。

③（　　　　）日本にある工場の90％以上が中小工場である。

④（　　　　）日本の企業はさまざまな費用が安い外国に工場を移しているため、日本国内の工場の数は減り、工場で働く人の数も減っている。

⑤（　　　　）日本では自動車などの輸送用機械の生産がさかんで、船でこれらを輸出しているため、飛行機では機械類の輸送はしていない。

4 次の問いに答えましょう。

25点（1つ5）

(1) 情報について述べた、次の文中の①～③にあてはまる言葉を、　　から選びましょう。

> わたしたちは、さまざまな情報をいろいろな方法で手に入れている。それらの、情報を伝える手段を（①　　　　　　　　）というが、そのうち、特に一度に多くの人に大量の情報を送ることのできる手段を（②　　　　　　　　）という。近年は、個人が自分で情報を選んで手に入れたり、情報を発信したりすることのできる（③　　　　　　　　）の利用が広がっているが、多くの人は（③）よりも、（②）が知らせる情報の方が信頼できると考えている。

マスメディア　　インターネット　　メディア

(2) (1)の文中の②のうち、映像と音声で情報を伝えるものを何といいますか。

（　　　　　　　　）

(3) (1)の文中の下線部について述べた次の文の、（　　）にあてはまる言葉を書きましょう。

> 1つの出来事を伝えるとき、②は、まず関係する人々に（　　　　　　　　）をして情報を集める。その内容をもとに何人もの人が編集会議をして、伝えるべき情報を決め、正確に伝えるための確認を何度もしている。しかし、③はだれがどのように情報を発信しているかわからないことがあるため、多くの人は②の方が信頼できると考えている。

ステップ1

時間 15分

問／8問中

月　　日

サクッと
こたえ
あわせ

答え 77ページ

情報社会とわたしたち②
情報を活用した産業

（　　　）にあてはまる言葉を、右の□に書きましょう。

◉ 情報は、商品のはん売や、運輸業など、生活のさまざまな場面で活用されている。

◉ コンビニエンスストアなどでは、商品の（　①　）を読み取ると、商品の売れた日時や数、ねだんなどの情報がコンピューターに登録される（　②　）を活用している。

◉ お店では、現金の代わりに、ICカードやスマートフォンなどを使って（　③　）でも支はらい❶ができる。

↑❶電子マネーでの支はらい

◉ 近年は、（　④　）を活用して、お店に行かずに買い物をしたり、情報を入手したりすることができるようになった。

◉ 多くの情報から、物事の特ちょうを見つけたり、推測したりして、人間と同じような活動ができるようにコンピューターを動かすプログラムを（　⑤　）（人工知能）という。

◉（　④　）を使って、情報を処理したり、送受信したりすることができる技術を（　⑥　）（ICT）という。

◉ 同じ目的のために集められた大量の情報を（　⑦　）といい、それらを分析して活用することで、お店などはお客さんの（　⑧　）に応えることができる。

①
②
③
④
⑤
⑥
⑦
⑧

情報は、わたしたちのくらしを便利にしてくれているよ！

きほんの
ドリル
26。

ステップ2

時間 15分　合格 80点　　／100

月　　日

サクッと
こたえ
あわせ

答え 77ページ

情報社会とわたしたち②
情報を活用した産業

① 次の2つのグラフから読み取れることについて、あとの文中の①〜⑤にあてはまる言葉を書きましょう。
50点（1つ10）

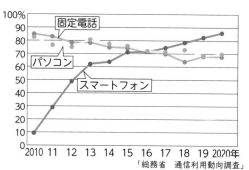

↑情報通信機器を持っている世帯（家庭）の
わりあい

「総務省　通信利用動向調査」

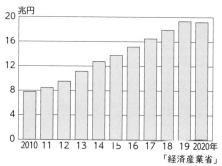

↑インターネットショッピングの売り上げ額
の変化

「経済産業省」

　インターネットショッピングの売り上げ額は、年々（① 　　　　　　　　）ている。これは、（② 　　　　　　　　　　　　）を持つ家庭のわりあいが（①）たことが1つの要因であると考えられる。（②）は情報を得るのに必要なさまざまな機能を持つため、（②）を持つ家庭のわりあいが（①）たことによって、（③ 　　　　　　　　）を持つ家庭のわりあいは（④ 　　　　　　　　）いる。また、（⑤ 　　　　　　　　）ではインターネットを利用できないため、そのわりあいが減っても、インターネットショッピングの売り上げ額にはあまりえいきょうしない。

② 情報の活用について述べた文の（　　）にあてはまる言葉を、⑦〜⑦からそれぞれ選びましょう。
50点（1つ10）

① スマートフォンを利用し、現金の代わりに（　　　　）で支はらうこともできる。

② 大量の情報をもとに、ものごとを推測し、人間と同じような知的活動を行うことができるコンピューターの技術を（　　　　）という。

③ インターネットを使って情報処理や通信を行う技術を（　　　　）という。

④ 情報（　　　　）を利用することで、医療施設では診察がスムーズに行えるようになった。

⑤ （　　　　）カードには多くの個人情報が書きこまれている。

⑦ ネットワーク　⑦ AI　⑦ IC　⑦ ICT　⑦ 電子マネー

ポイント　情報通信技術の発達によって、インターネットで買い物をしたり、現金を使わずに支はらいをしたりなど、さまざまなことができるようになりました。

 きほんの
ドリル
27。

ステップ 1

⏱時間 15分

問／　　 8問中

月　　日

サクッと
こたえ
あわせ

答え 77ページ

情報社会とわたしたち③
情報とのかかわり方

（　　　　）にあてはまる言葉を、右の□に書きましょう。

◉ 情報がわたしたちの生活の中で重要な役割をしめ、情報を中心に動いていく社会を（　①　）社会という。（　①　）社会では、適切な行動をとるための考え方や態度である情報（　②　）を知っておく必要がある。

◉ メディアが伝える情報が正しいかどうか、自分に必要な情報かどうかを考え、情報を選び、活用する力を（　③　）という。

◉ （　④　）を利用して他者とコミュニケーションをとることができる機能をもつサービスを（　⑤　）という。

◉ （　④　）では他者と顔を合わせずに情報のやりとりができてしまうため、他者を傷つけたり、犯罪にまきこまれたりするきけんがある。❶

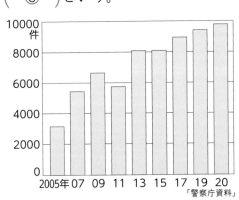

↑❶ インターネットを利用した犯罪の件数の変化

◉ 名前や住所、顔写真のような（　⑥　）情報をむやみに発信したり、（　⑦　）ニュース（まちがった情報）を広めたりしないよう、注意が必要である。

◉ 近年は、インターネットで世界中がつながっているため、（　⑥　）情報が（　⑧　）すると、大きな被害が出てしまう。

①
②
③
④
⑤
⑥
⑦
⑧

自分が情報を発信できるインターネットでは、発信する内容が適切なものか、本当に発信してよいかを考える必要があります。

きほんの
ドリル
27.

ステップ2

時間 15分 ｜ 合格 80点 ／100

月　日

サクッと
こたえ
あわせ

答え 77ページ

じょうほう
情報社会とわたしたち③
情報とのかかわり方

1 次の問いに答えましょう。　　　　　　　　　　　　　50点（1つ10）

(1) わたしたちが情報を利用する際に気をつけることについて、次の文中の①〜④にあてはまる言葉を、　　　から選びましょう。

> わたしたちのくらしには情報があふれているため、メディアから情報を得るときに、その情報が（① 　　　　　　）かどうか、自分に必要かどうかを考え、情報を選ぶ力、それらを活用する力を身につける必要がある。特に、
> （② 　　　　　　　　　　　　　）は、情報を得るだけでなく自分から情報を
> （③ 　　　　　　　）することもできるため、名前や住所などの
> （④ 　　　　　　　）をのせないなど、（③）する前に内容をしっかり確認する
> 必要がある。

インターネット　　発信　　正しい　　個人情報

(2) (1)の文中の下線部を何といいますか。　　（　　　　　　　　　　　　）

2 次の問いに答えましょう。　　　　　　　　　　　　　50点（1つ10）

(1) 右の図はインターネットのまちがった使い方の例です。図のような使い方の何がまちがっているのか、かんたんに書きましょう。

（　　　　　　　　　　　　　　　　　　　　）

(2) インターネットを利用した他者とのコミュニケーションの特ちょうについて述べた文として、正しいものには○を、まちがっているものには×をつけましょう。

① （　　　）顔を合わせずにコミュニケーションをとることができる。
② （　　　）世界中の人とコミュニケーションをとることができる。
③ （　　　）自分の名前を知らせてからコミュニケーションをとる必要がある。
④ （　　　）メッセージを送るとすぐに相手の顔や声の反応を知ることができる。

ポイント　SNSなど、インターネットを利用したコミュニケーションは、対面で話す場合とはことなることが多いので注意が必要です。

情報社会とわたしたち①～③

1 テレビでニュース番組が放送されるまでの流れを示した次の図を見て、問いに答えましょう。　25点（1つ5）

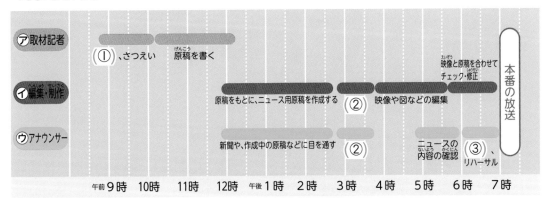

(1)　図中の①～③にあてはまる言葉を、次のあ～うからそれぞれ選びましょう。

①（　　　　）　②（　　　　）　③（　　　　）

　あ　打ち合わせ　　い　インタビュー　　う　下読み

(2)　ニュース番組の放送において、次の仕事をしている人を、図中のア～ウからそれぞれ選びましょう。

　①　伝える仕事（　　　　）　　②　情報を集める仕事（　　　　）

2 メディアについて述べた文として、正しいものには○を、まちがっているものには×をつけましょう。　25点（1つ5）

①（　　）テレビは音声と映像で多くの人に情報を伝えることができるが、番組を見る側からテレビに情報を送ることはできない。

②（　　）文字や写真で情報を伝える新聞は、重大な事件が起きたときなどは、号外として、いつもとはちがう時間帯に情報を発信することもある。

③（　　）インターネットは情報を発信できる手段であるが、パソコンを持っていないと利用できないため、メディアとしての役割は小さい。

④（　　）ラジオは電池式のものもあるため、災害時など、停電していても情報を得る手段として使うことができる。

⑤（　　）テレビや新聞、ラジオなどのマスメディアは、近年はインターネットを利用して情報を発信することもある。

うらのページに続くよ！

3 図を見て、次の問いに答えましょう。　　　　　　　　　　　25点（1つ5）

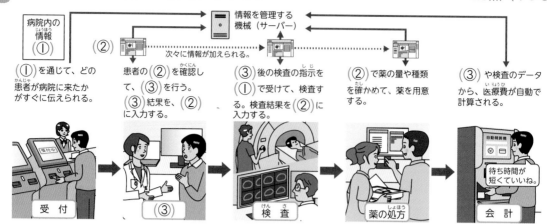

(1) 図中の①〜③にあてはまる言葉を、次の⑦〜⑦からそれぞれ選びましょう。

①(　　　　　)　　②(　　　　　)　　③(　　　　　)

⑦　電子カルテ　　⑦　ネットワーク　　⑦　診察

(2) 図のしくみを別の病院との間で取り入れた場合の利点について、次の文の①・②にあてはまる言葉を図中から選んで書きましょう。

> 患者の(①　　　　　　　　　)を共有することで、いつもとは別の病院でも安心して診察や(②　　　　　　　)などの医療を受けられる。

4 右の図は、正しい情報とのかかわり方を示したものです。どのように情報を得ているのかを説明した次の文中の①〜⑤にあてはまる言葉を、あとの　　　から選びましょう。

25点（1つ5）

> 　図中の人物は、自分の知りたいことについて(①　　　　　　　　)で調べたあと、人に聞いたり、(②　　　　　)で調べたりしている。このように、情報を得るときには、1つの(③　　　　　　)から得た情報をうのみにするのではなく、いろいろな方法でその情報が(④　　　　　　)かどうかを調べる必要がある。このような力を(⑤　　　　　)という。

メディアリテラシー　　インターネット　　本　　メディア　　正しい

ステップ1

 時間 15分

問／8問中

月　日

サクッと
こたえ
あわせ

答え 78ページ

わたしたちのくらしと自然環境①
日本の自然災害1

（　　　）にあてはまる言葉を、右の□に書きましょう。

◉ 日本は自然災害が多く、特に複数の（　①　）が出合う場所に位置しているため、（　①　）のぶつかりやずれによって起こる（　②　）が多い国である。

◉ 日本では、大きな（　②　）が予想される直前に、（　③　）が出す（　④　）が流れる。

◉ 大きな（　②　）が起きたあと、海岸に近い地域では（　⑤　）が発生するおそれがある。

◉ 2011年3月11日に発生した（　⑥　）では、（　⑤　）による被害が大きかった。

◉（　⑤　）が起こりやすい地域では、防潮堤や高い（　⑤　）ひなんタワー❶が建てられている。

↑❶津波ひなんタワー

◉（　②　）が起きても建物がたおれないように、多くの建物で（　⑦　）工事が行われている。

◉（　⑤　）の被害があった地域では、（　⑤　）に備えてたく地の（　⑧　）工事を行い、土地そのものを高くしている。

①
②
③
④
⑤
⑥
⑦
⑧

日本の内陸には、断層という地層のわれ目がずれた状態にあるところがいくつもあるんだ。これから動く可能性のあるものは活断層とよばれて、地震を発生させるよ。

きほんの
ドリル
29.

ステップ2

時間15分
合格
80点
/100

月　　日

サクッと
こたえ
あわせ
答え 78ページ

わたしたちのくらしと自然環境①
日本の自然災害1

1 図を見て、次の問いに答えましょう。

50点（1つ10）

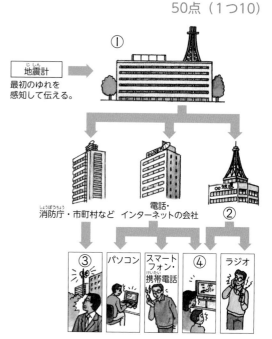

(1) 右の図のような流れで、人々に地震の発生を知らせるためにとどくものを何といいますか。次の（　）にあてはまるように書きましょう。

（　　　　　　　　）速報

(2) 右の図中の①～④にあてはまる言葉を、次の⑦～エからそれぞれ選びましょう。

①（　　　　　　）　　②（　　　　　　）
③（　　　　　　）　　④（　　　　　　）

⑦　放送局　　　イ　気象庁
⑦　防災無線　　エ　テレビ

2 図を見て、次の問いに答えましょう。

50点（1つ10）

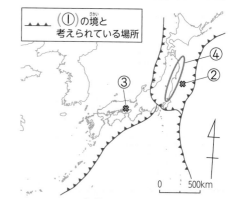

(1) 図中の①にあてはまる、地球内部の岩ばんを何といいますか。カタカナで書きましょう。

（　　　　　　　　）

(2) 図中の②は2011年3月、③は1995年1月に発生した地震の震源地を示しています。それぞれの地震を何といいますか。

②（　　　　　　　　　　）
③（　　　　　　　　　　）

(3) 図中の④は、②の地震によって引き起こされた災害による被害が大きかった地域です。この災害を何といいますか。

（　　　　　　　　）

(4) (3)の被害からくらしを守るためにつくられたものや行われたこととして、あてはまらないものを次の⑦～エから選びましょう。

（　　　　　　　　）

⑦　防潮堤　　イ　ひなんタワー　　⑦　砂防ダム　　エ　たく地のかさ上げ

ポイント
災害が起こるたびに国や都道府県によってさまざまな対策がとられています。自然災害は起こるということを前提に、被害を減らす取り組みをしています。

ステップ1　　時間 15分　　問 ／ 8問中　　月　　日

サクッと
こたえ
あわせ

答え 78ページ

わたしたちのくらしと自然環境②
日本の自然災害2

（　　）にあてはまる言葉を、右の□に書きましょう。

◉日本は、年間の（　①　）が多く、つゆや台風などもあるため、
風水害もひんぱんに起こる。

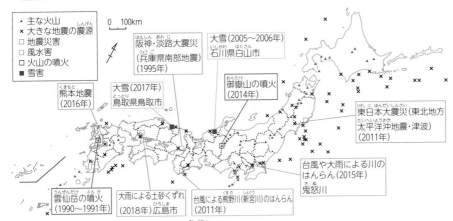

・主な火山
×大きな地震の震源
□地震災害
□風水害
□火山の噴火
■雪害

0　100km

大雪（2005〜2006年）
石川県白山市

阪神・淡路大震災
（兵庫県南部地震）
（1995年）

御嶽山の噴火
（2014年）

熊本地震
（2016年）

大雪（2017年）
鳥取県鳥取市

東日本大震災（東北地方
太平洋沖地震・津波）
（2011年）

台風や大雨による川の
はんらん（2015年）
鬼怒川

雲仙岳の噴火
（1990〜1991年）

大雨による土砂くずれ
（2018年）広島市

台風による熊野川（新宮川）のはんらん
（2011年）

↑❶日本で発生した主な自然災害で被害が大きかった場所

◉短時間に大雨がふると、山のしゃ面などから土が流れ出る
（　②　）が起こりやすい。（　②　）による被害を減らすため、
山には流れ出る土をせき止めるための（　③　）がつくられてい
る。

◉日本には現在も活動を続ける（　④　）があり、（　④　）の噴火
によって周辺地域に（　⑤　）がふるなどの災害が起こる。

◉日本海側の地域では、冬に（　⑥　）が多くふることによる
（　⑥　）害が起こることがある。

◉日本では、災害による被害をできるだけ少なくする（　⑦　）の考え方でさまざまな対
策を行っている。自治体などが作成している、災害の被害が予想される場所やひなん
所などを示した地図を（　⑧　）という。

①

②

③

④

⑤

⑥

⑦

⑧

火山が多い日本では、気象庁が常に火山の観測をしているよ！

きほんの ドリル 30.

ステップ2

⏱時間 15分

合格 80点

/100

月　日

サクッと こたえ あわせ

答え 78ページ

わたしたちのくらしと自然環境②
日本の自然災害2

1 図を見て、次の問いに答えましょう。　　　　　　　　　50点（1つ10）

① 　　② 　　③

(1) ①〜③の図は、日本でひんぱんに起こる自然災害への備えとしてつくられている施設です。それぞれの施設が防いでくれる自然災害を、次の⑦〜⑨から選びましょう。

①（　　　　）　②（　　　　）　③（　　　　）

⑦　雪害　　　④　水害　　　⑨　土砂災害

(2) 図の①・③の施設が防いでくれる災害の共通の原因となるものを、次の⑦〜⑨から選びましょう。

（　　　　　　）

⑦　地震　　④　津波　　⑨　暴風　　⑨　大雨

(3) 周辺地域を飲みこんでしまうほどの、ようがん流や火さい流などを発生させる自然現象を何といいますか。

火山の（　　　　　　　　）

2 日本で起こる自然災害や、災害への備えについて述べた文として、正しいものには○を、まちがっているものには×をつけましょう。　　50点（1つ10）

①（　　）冬の気温が低い地域では、雪による事故をなくすために、道路に一日中水が流れるようにして雪をとかしたり、凍結を防いだりしている。

②（　　）災害に備えるためのさまざまな施設は、地域に住む住民が自分たちでお金を出し合ってつくっている。

③（　　）自然災害が発生した際に出される警報は、すぐにテレビやラジオ、インターネット、防災無線などで地域住民に知らされる。

④（　　）自然災害が発生した際に、住民がすぐにひなんしたり、災害に備えたりできるように、各自治体はハザードマップを作成している。

⑤（　　）自然災害は起こるという前提で、被害をなるべく減らそうという考えで行う取り組みを防災という。

ポイント　災害に備えるためのさまざまな事業は公共事業として行われています。

きほんの
ドリル
31。
 ステップ❶
時間 15分
問／8問中
月 日

サクッと
こたえ
あわせ
答え 79ページ

わたしたちのくらしと自然環境③
わたしたちのくらしと森林

（　　　）にあてはまる言葉や数字を、右の□に書きましょう。

◉ 日本の国土の３分の（　①　）は森林である。❶

◉ 森林には、自然にできた（　②　）と、人が木を植えることによってつくられた（　③　）がある。

◉ 青森県から秋田県にかけて広がるぶなの（　②　）がある（　④　）は、さまざまな生物のすみかとなっており、世界自然遺産に登録されている。

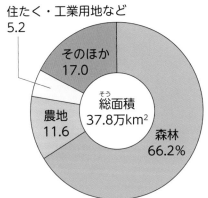

住たく・工業用地など
5.2

そのほか
17.0

総面積
37.8万km²

農地
11.6

森林
66.2%

「2019年　令和3年版土地白書　国土交通省」
↑❶日本の国土の土地利用のわりあい

◉ なえ木から木を育て、育った木を木材にして売る産業を（　⑤　）という。

◉（　③　）では、なえ木を山に植林し、ある程度の大きさまで木が育ったら、（　⑥　）をして木と木の間を広げ、太陽の光がとどくようにする。

◉ 木材をつくるときに出るくずはチップにされ、木質（　⑦　）エネルギーとして、発電の燃料に使われている。

◉ 木は（　⑧　）を取りこむ働きをもつため、森林を守ることは、地球温暖化をおさえることにつながる。

①
②
③
④
⑤
⑥
⑦
⑧

森林には、木材をつくり出すだけでなく、空気をきれいにしたり、水をたくわえたり、雨水をためこむことで山くずれなどの災害を防いだりする働きがあります。

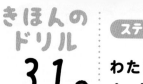

きほんの
ドリル
31.

ステップ2

時間 15分　合格 80点　　/100

月　　日

サクッと
こたえ
あわせ

答え 79ページ

わたしたちのくらしと自然環境③
わたしたちのくらしと森林

1 図を見て、次の問いに答えましょう。　　　　　　　　40点（1つ10）

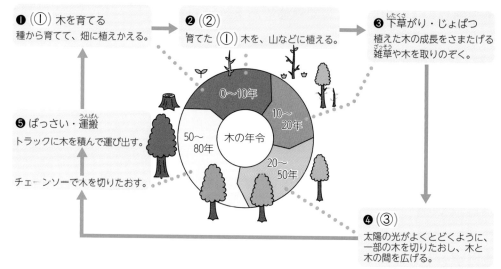

❶（①）木を育てる
種から育てて、畑に植えかえる。

❷（②）
育てた（①）木を、山などに植える。

❸ 下草がり・じょばつ
植えた木の成長をさまたげる
雑草や木を取りのぞく。

❺ ばっさい・運搬
トラックに木を積んで運び出す。

チェーンソーで木を切りたおす。

（年令の円）0〜10年 / 10〜20年 / 20〜50年 / 50〜80年　木の年令

❹（③）
太陽の光がよくとどくように、
一部の木を切りたおし、木と
木の間を広げる。

(1) 図中の①～③にあてはまる言葉を書きましょう。

①（　　　　　　　　）　②（　　　　　　　　）　③（　　　　　　　　）

(2) 人の手でつくられた森林を何といいますか。　　　（　　　　　　　　）

2 グラフを見て、次の文にあてはまる言葉として正しいものを、◯で囲みましょう。

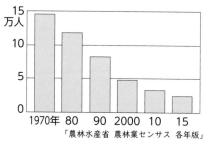

↑林業で働く人の数の変化

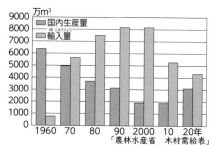

↑木材の国内生産量と輸入量の移り変わり

60点（1つ10）

日本は国土の①{ 3分の2 ・ 4分の3 }が森林で、世界の中でも森林の
わりあいが②{ 多い ・ 少ない }。しかし、林業で働く人の数は
③{ 増えて ・ 減って }いる。木材の④{ 輸入 ・ 輸出 }量は1990年
代まで⑤{ 増えて ・ 減って }いたが、近年は国内の生産量も
⑥{ 増えて ・ 減って }いる。

ポイント　なえから育てて植林した木は、木材として使えるようになるまでに50年以上かかります。

きほんの
ドリル
32.

ステップ1

時間 15分

問／9問中

月　　日

サクッと
こたえ
あわせ

答え 79ページ

わたしたちのくらしと自然環境④
環境を守るために

（　　　）にあてはまる言葉を、右の□に書きましょう。

◉ 産業の発展によって、環境に悪いえいきょうをもたらし、人々のくらしや生命がきけんにさらされることを（　①　）という。

◉ 富山県の（　②　）下流でみられた、（　③　）が原因の（　④　）●は、1910年代から発生していたとされる。

新潟水俣病
（阿賀野川下流）

イタイイタイ病
（神通川下流）

水俣病
（水俣湾周辺）

四日市ぜんそく
（四日市市）

▲海や川のよごれ
●空気のよごれ

↑●4大公害病の発生場所

◉ 1953年ごろから熊本県や鹿児島県の（　⑤　）湾周辺で発生した（　⑤　）病●は、工場から流れる（　⑥　）が原因であった。

◉ 1960年ごろから三重県の（　⑦　）市で発生●した（　①　）は、工場から出た排ガスが原因で、多くの人に（　⑧　）の症状が出た。

◉ （　①　）の発生を受けて、国は法律を定めてさまざまな取り組みを行ってきたが、各自治体も、地域の環境を守るために、それぞれの地域に必要な（　⑨　）を定めて、住民が中心となった取り組みを行っている。

①
②
③
④
⑤
⑥
⑦
⑧
⑨

新潟県の阿賀野川流域でも、熊本県や鹿児島県と同じ水銀が原因で公害が発生したんだ。これを新潟水俣病というよ。これらの4つの公害は特に被害がひどかったことから、4大公害病とよばれるよ。

きほんの
ドリル
32。

ステップ2

時間 15分

合格 80点

/100

月　日

サクッと
こたえ
あわせ

答え 79ページ

わたしたちのくらしと自然環境④
環境を守るために

1 4大公害病が発生した場所を示した図を見て、次の問いに答えましょう。

50点（1つ10）

(1) イタイイタイ病が発生した地域を図中の①
　　～④から選びましょう。

（　　　　　）

(2) 四日市ぜんそくが発生した地域を図中の①
　　～④から選びましょう。

（　　　　　）

(3) 同じ症状の病気が発生した地域を図中の①
　　～④から2つ選びましょう。

（　　・　　）

(4) 空気のよごれが原因で公害が発生した地域を図中の①～④から選びましょう。

（　　　　　）

(5) 図中の4大公害病の発生を受けて、国が1967年に定めた法律を、次のⓐ～ⓔか
　　ら選びましょう。

（　　　　　）

　ⓐ　環境基本法　　　ⓘ　公害対策基本法
　ⓤ　鴨川条例　　　　ⓔ　公害防止条例

2 環境を守るための取り組みについて述べた文として、正しいものには○を、まち
がっているものには×をつけましょう。

50点（1つ10）

①（　　　）天ぷらをつくったあとの油を台所から流して、洗剤を使わずに水で洗っ
　　　　　　た。

②（　　　）ペットボトルのふたとラベルをはずし、ボトルを洗ってかわかしてから、
　　　　　　リサイクルボックスにいれた。

③（　　　）おふろに残ったお湯を使ってせんたくをした。

④（　　　）近くの公園に遊びにいくときに、なるべく早くいけるように自動車で
　　　　　　送ってもらった。

⑤（　　　）食べ残しを減らすために、自分が食べきれる分の食事をつくって食べた。

ポイント　そう音や振動、地盤沈下なども公害の1つです。

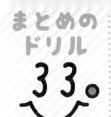

時間 20分 合格 80点 /100

月 日

サクッとこたえあわせ 答え 79ページ

わたしたちのくらしと自然環境(かんきょう)①〜④

1 近年の日本で発生した自然災害(さいがい)による被害(ひがい)を受けた地域(ちいき)と、発生年を示(しめ)した地図を見て、次の問いに答えましょう。 25点（1つ5）

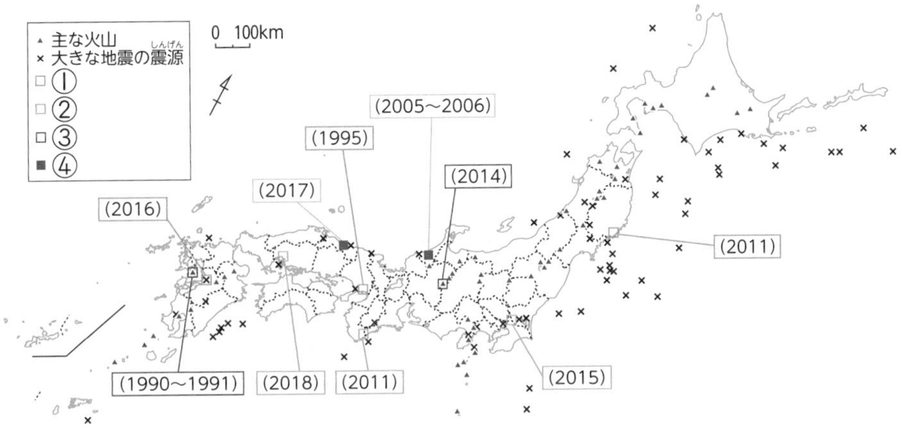

▲ 主な火山
× 大きな地震の震源(しんげん)
□ ①
□ ②
□ ③
■ ④
0 100km
(2005〜2006)
(1995)
(2014)
(2017)
(2016)
(2011)
(1990〜1991)
(2018)
(2011)
(2015)

(1) 地図中の①〜④で示されている自然災害にあてはまるものを、次の㋐〜㋓からそれぞれ選びましょう。

①(　　　)　②(　　　)　③(　　　)　④(　　　)

㋐ 雪害　㋑ 地震(じしん)　㋒ 火山噴火(ふんか)　㋓ 風水害

(2) 津波(つなみ)被害をもたらす災害を、地図中の①〜④から選びましょう。 (　　　)

2 写真を見て、次の問いに答えましょう。 25点（1つ5）

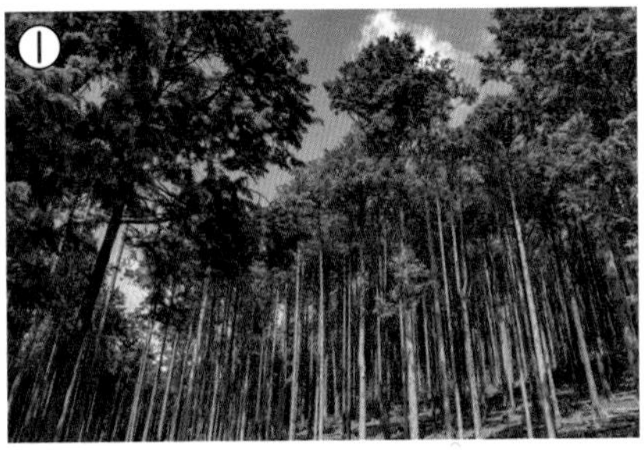

①

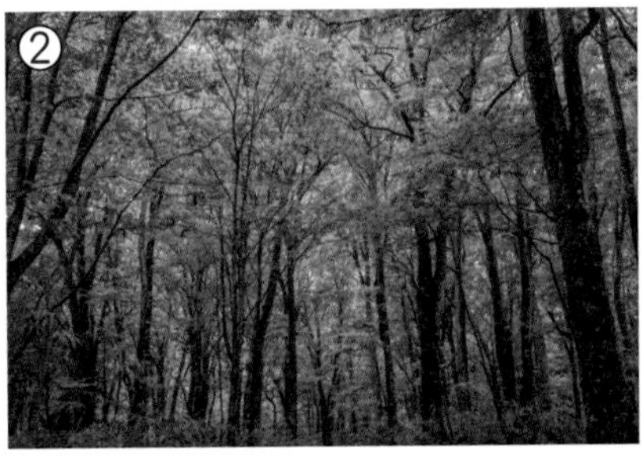

②

(1) 写真の①、②のうち、人工林はどちらですか。 (　　　)

(2) 人工林を育てるために、木がある程度(ていど)の大きさになったら一部の木を切りたおし、木と木の間を広げることを何といいますか。 (　　　)

(3) 人工林のばっさいまでには何年以上かかりますか。 (　　　)以上

(4) 人の手が入っていない森林を何といいますか。 (　　　)

(5) 世界自然遺産(いさん)に登録されているぶなの(4)がある山地を何といいますか。

(　　　)

うらのページに続くよ！

3 次の問いに答えましょう。　　　　　　　　　　　　　　25点（1つ5）

(1) 次の①～③の公害病とかかわりの深い言葉を、右の㋐～㋒からそれぞれ選び、線でつなぎましょう。

① 新潟水俣病　　　　　●　　　　　　●㋐　カドミウム

② イタイイタイ病　　　●　　　　　　●㋑　大気汚染

③ 四日市ぜんそく　　　●　　　　　　●㋒　阿賀野川

(2) 水俣病や新潟水俣病を引き起こした原因物質は何ですか。

（　　　　　　　　　）

(3) (1)のような公害が発生したことで、国が1967年に定めた法律を何といいますか。

（　　　　　　　　　）

4 北九州市で行われている取り組みについて、図を見て、次の問いに答えましょう。

25点（1つ5）

(1) 図中の①～③で行っている作業について、正しい説明を次の㋐～㋒からそれぞれ選びましょう。

①（　　　　）　②（　　　　）　③（　　　　）

㋐　車体を鉄のかたまりにするためにプレス機で押し固める。

㋑　まだ使えるタイヤなどのパーツを外す。

㋒　鉄以外の部品を外す。

(2) 図のような取り組みを何といいますか。カタカナで書きましょう。

（　　　　　　　　　）

(3) (2)のような取り組みは、どのような社会の実現につながりますか。次の文中にあてはまる言葉を書きましょう。

> ものを大量につくり、消費していらなくなったら捨てる、という社会を改めて、次の世代の人々の豊かさも守りつつ、わたしたちのくらしも豊かにする（　　　　　　　　）な社会を実現することにつながる。

日本の国土とわたしたち①〜⑦
わたしたちのくらしと食料生産①〜⑦

サクッと
こたえ
あわせ

答え **80**ページ

1 地図を見て、次の問いに答えましょう。　　　25点（1つ5）

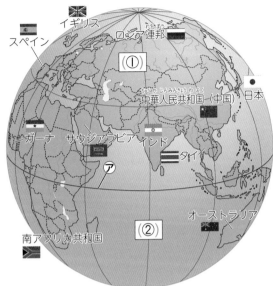

(1) 地図中の①・②の大陸名と海洋名を書きましょう。

①（　　　　　　　　　　）

②（　　　　　　　　　　）

(2) 地図中の⑦を何といいますか。

（　　　　　　　　　　）

(3) 次の⑦〜⓪の国のうち、日本と同じ緯度の範囲に位置している国を選びましょう。

（　　　　　　　）

⑦　オーストラリア

⓪　タイ

⑨　南アフリカ共和国

⓪　スペイン

(4) 日本との間に、北方領土の問題をかかえている国を地図中から選びましょう。

（　　　　　　　　　　　　　）

2 日本の気候について述べた次の①〜⑤の文にあてはまる地域を、地図中の⑦〜⑪からそれぞれ選びましょう。　　　25点（1つ5）

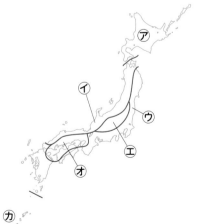

① 1年を通してあたたかい気候で雨が少ない。

（　　　　）

② 夏と冬の気温の差が大きく、1年を通して雨が少ない。

（　　　　）

③ 冬の寒さがきびしく、つゆがない。

（　　　　）

④ 冬でもあたたかく、1年を通して雨が多い。

（　　　　）

⑤ 夏に雨が多く、冬は雨が少ない。

（　　　　）

うらのページに続くよ！

3 グラフを見て、次の問いに答えましょう。　25点（1つ5）

(1) グラフ中の①にあてはまる都道府県はどこですか。（　　　　　　　　　）

(2) 生乳や肉用牛・豚などの畜産がさかんな都道府県に共通する特ちょうは何ですか。次の①～④から選びましょう。（　　　　　　　　　）

① 土地が広い
② すずしい気候
③ 高地にある
④ 低地にある

(3) 米のグラフについて述べた次の文中の①～③にあてはまる言葉を書きましょう。

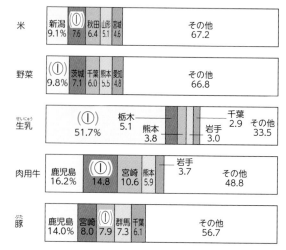

| 米 | 新潟 9.1% | 秋田 7.6 | 山形 6.4 | 宮城 5.1 | 4.6 | その他 67.2 |

「生産農業所得統計（令和3年）農林水産省」

↑農産物の生産額の都道府県別わりあい

> 米の生産がさかんな都道府県は（①　　　　　　　）地方に多い。これは、この地域が（②　　　　　　　）のえいきょうで冬に（③　　　　　　）が多くふり、春に米づくりに必要な水が豊富にあるからである。

4 次の問いに答えましょう。　25点（1つ5）

(1) 日本の食料生産について述べた、次の文中の①～③にあてはまる言葉を書きましょう。

> 日本は食料の多くを輸入にたよっているが、この状態は輸入している国で災害や紛争などが起こったり、作物が不作だったりしたときに㋐大きな問題を引き起こす。この問題を解決するためには、（①　　　　　　　）を上げる必要がある。しかし、国内の農林㋑水産業では人手不足や（②　　　　　　　）が進んでおり、収入が安定しないことなどから、わかい人のなり手が少ないのだと考えられる。わたしたちが、地域の農水産物を食べる　（③　　　　　　　）を進めることは、この状態を改善する取り組みでもある。

(2) (1)の文中の下線部㋐について、国内で起きる問題とはどのようなものですか。かんたんに書きましょう。

（　　　　　　　　　　　　　　　　　　　　　　　　　　　　）

(3) (1)の文中の下線部㋑について、水産資源を守るために行われている養しょくやさいばい漁業をあわせて何といいますか。（　　　　　　　　　）

学年末の ホームテスト

35.

時間 **20**分 ｜ 合格 **80**点 ｜ /100

月 日

わたしたちのくらしと工業生産①〜⑤
情報社会とわたしたち①〜③
わたしたちのくらしと自然環境①〜④

サクッと こたえ あわせ

答え **80**ページ

⭐**1** 地図を見て、次の問いに答えましょう。

25点（1つ5）

(1) 次の表は、日本のある貿易港の輸出品目を示したものです。この表が示す貿易港を地図中の㋐〜㋕から選びましょう。

（　　　　　　）

品目	単位：百万円
自動車	3,235,289
自動車部品	2,052,644
内燃機関	528,059
金属加工機械	474,655
電気計測機器	413,421
計	12,306,759

「2019年　日本国勢図会2020／21」

(2) 地図中の㋑〜㋕の貿易港の周辺には、工業地域・地帯が広がっています。この㋑〜㋕の周辺をふくむ、工業地域・地帯が集中している地域を何といいますか。

（　　　　　　　　　　）

(3) 地図中の㋑・㋒・㋓の貿易港周辺に広がる工業地帯をそれぞれ何といいますか。

㋑（　　　　　　　）㋒（　　　　　　　）㋓（　　　　　　　）

⭐**2** 日本の工業について述べた次の文中の①〜⑤にあてはまる言葉を書きましょう。

25点（1つ5）

日本は石炭や鉄鉱石といった（①　　　　　　　）が少ないため（①）を外国から輸入してそれをもとに製品をつくる貿易がさかんで、特に（②　　　　　　　）工業は日本の工業生産額の第1位をしめている。日本の工場のほとんどが従業員が300人未満の（③　　　　　　　）であり、工場で働く人の60％以上が（③）で働いている。しかし、近年は（②）製品を（④　　　　　　　）生産する企業が増えて、国内の（③）の数は（⑤　　　　　　　）いる。

↪うらのページに続くよ！

69

3 グラフを見て、次の問いに答えましょう。　　　　　　　25点（1つ5）

(1) グラフから読み取れる
　　こととして、正しいもの
　　には○を、まちがってい
　　るものには×をつけま
　　しょう。

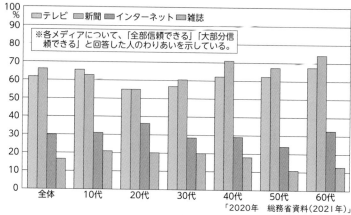
※各メディアについて、「全部信頼できる」「大部分信頼できる」と回答した人のわりあいを示している。
「2020年　総務省資料（2021年）」
↑年代別各メディアの信頼度

　　①（　　　）すべての年代
　　　で、雑誌への
　　　信頼度が一番
　　　低い。
　　②（　　　）10代はテレ
　　　ビへの信頼度が一番高いが、30代以上は、新聞への信頼度が一番高い。
　　③（　　　）インターネットへの信頼度は年代が上がるにつれて低くなっている。
　　④（　　　）どの年代も、インターネットを信頼できると考えている人は30％に満
　　　たない。

(2) 情報の発信という点において、インターネットとグラフ中のほかのメディアとの
　　最も大きなちがいは何ですか。かんたんに書きましょう。

　（　　　　　　　　　　　　　　　　　　　　　　　　　　　　　　　　　　　）

4 次の問いに答えましょう。　　　　　　　　　　　　25点（1つ5）

(1) 右の図のような日本の川の特ちょうと、
　　それによって起こりやすい災害を1つ書き
　　ましょう。

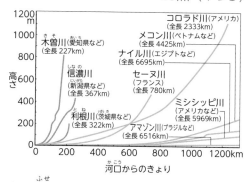
高さ／河口からのきょり

　（　　　　　　　　　　　　　　）

(2) 日本の国土の3分の2をしめ、(1)のような災害を防ぐことにも役立つものは何で
　　すか。　　　　　　　　　　　　　　　　　　　（　　　　　　　　　　　　）

(3) 災害が起きたときに被害がでやすい地域やひなん場所をまとめた地図を何といい
　　ますか。　　　　　　　　　　　　　　　　　　（　　　　　　　　　　　　）

(4) 気象庁が、大きな地震が発生したときに強いゆれが予想されることを知らせてく
　　れる情報を何といいますか。　　　　　　　　　（　　　　　　　　　　　　）

(5) 自然災害が起きたときに、なるべく被害を減らすための取り組みを何といいます
　　か。　　　　　　　　　　　　　　　　　　　　（　　　　　　　　　　　　）

●ドリルやテストが終わったら、うしろの「がんばり表」にシールをはりましょう。
●まちがえたら、かならずやり直しましょう。「考え方」もよみ直しましょう。

おうちの方へ 日本の国土や地形の特色を知り、地形や気候の違いがくらしや産業の違いと関連していることを学びます。

1. 日本の国土とわたしたち① 1〜2ページ

ステップ1

①6　②ユーラシア　③太平洋　④経線
⑤赤道　⑥国旗　⑦領土　⑧12
⑨本州　⑩沖ノ鳥島

ステップ2

❶ (1)①赤道　②北半球
　(2)①×　②○　③×
❷ (1)①大韓民国　②中華人民共和国
　(2)排他的経済水域
　(3)①択捉島　②尖閣諸島

考え方 ❶ (2)①オーストラリアは南半球にあります。③赤道は南アメリカ大陸も通っています。
❷ (3)竹島は韓国が自国の領土だと主張しています。

2. 日本の国土とわたしたち② 3〜4ページ

ステップ1

①3　②山脈　③高原　④盆地
⑤平野　⑥台地　⑦短い　⑧急
⑨火山

ステップ2

❶ (1)①ウ　②イ　③ア　④エ
　(2)(例)短く流れが急
❷ (1)①奥羽山脈　②関東山地　③木曽山脈
　(2)信濃川　(3)琵琶湖

考え方 ❶ (2)川の長さが短いことと、流れが急であることの2つが書かれていれば正解です。

3. 日本の国土とわたしたち③ 5〜6ページ

ステップ1

①海　②堤防　③流れ　④治水
⑤稲作（米づくり）　⑥大雨
⑦排水機場　⑧訓練　⑨観光

ステップ2

❶ (1)堤防
　(2)①低い　②台風
　　③水害　④治水
❷ (1)排水機場　(2)③
　(3)①○　②×　③○

考え方 ❶ (1)堤防は川の水が人の住む地域にあふれないようにするためにつくられます。川にそって土を高くもって固めたものが堤防です。
❷ (1)排水機場は、水を人の住む地域から川へ排出する（外に出す）ための施設です。図中の揚水機場は、田んぼに必要なときに水を送り出すための施設です。

4. 日本の国土とわたしたち④ 7〜8ページ

ステップ1

①(平均)気温　②夏　③キャベツ　④高原
⑤新鮮　⑥高い　⑦低く　⑧観光

ステップ2

❶ ①低い　②すずしい　③暑さ
　④少ない　⑤高い
❷ (1)①種まき　②植えつけ　③収穫
　(2)①低温　②新鮮

考え方 ❶ 嬬恋村の気温が東京よりも低いことを読み取ります。夏もすずしい嬬恋村では、暑さに弱いキャベツを夏にさいばいできます。ほかの地域での生産量が減る時期に出荷すれば価格は高くなります。

ステップ1

①四季　　②つゆ　　③台風　　④九州
⑤季節風　　⑥山地　　⑦日本海
⑧降水量（雨）　　⑨高地　　⑩南西

ステップ2

❶ (1)①ウ　　②ア　　③イ　　④エ
　　(2)つゆ　　(3)台風

❷ ①冬　　②北西　　③日本海　　④雪

考え方 ❷ 図中の⇒は北西方向からふいており、冬の季節風の風向きを示しています。冬に気温の低いユーラシア大陸からふく冷たい季節風は、日本海の上を通る際に水分をふくみ、山地にぶつかって日本列島の日本海側に雪をふらせます。その後、かわいた風となって太平洋側へ流れます。

ステップ1

①気温　　②風通し　　③台風　　④石がき
⑤水不足　　⑥さとうきび　　⑦さんごしょう
⑧琉球王国　　⑨アメリカ（米）

ステップ2

❶ (1)①○　　②○　　③×
　　(2)①平ら　　②水不足

❷ (1)さとうきび　　(2)ア・エ
　　(3)琉球王国　　(4)アメリカ（米）軍基地

考え方 ❶ (2)家の屋根が平らであることを写真から読み取りましょう。
❷ (1)さとうきびは、暑さや台風などの風にも強く、沖縄の気候に適した作物です。
(2)沖縄では、あたたかい気候を生かしてマンゴー、パイナップルなどの暑い地域を原産とした作物がさいばいされています。国内産パイナップルのほとんどは沖縄県産です。

ステップ1

①雪　　②まど　　③断熱　　④除雪
⑤観光客　　⑥札幌　　⑦米　　⑧ロシア
⑨アイヌ

ステップ2

❶ (1)(例)寒さや雪に備えるため。
　　(2)①○　　②×　　③○　　④○

❷ (1)①牧草　　②らく農　　③てんさい
　　(2)アイヌ　　(3)ロシア連邦

考え方 ❶ (2)②あたたかい海で育つさんごしょうが見られるのは沖縄で、北海道周辺の海では見られません。北海道の海では海水がこおってできた流氷を見ることができます。
❷ (1)グラフから、作付面積が最も大きいのは牧草であることを読み取りましょう。乳牛を育てる農業をらく農といいます。北海道東部はらく農がさかんで、生乳の生産だけでなく、チーズ・バターなどの乳製品の生産もさかんです。

❶ (1)①東経　　②4分の3　　③急
　　④季節風　　(2)沖ノ鳥島

❷ (1)①エ　　②ア　　③イ　　④ウ　　(2)⑤

❸ (1)堤防
　　(2)①○　　②×　　③×　　④○

❹ (1)牧草　　(2)ア
　　(3)①あ　　②い　　③あ

考え方 ❶ (2)日本の南のはしは沖ノ鳥島、北のはしは択捉島、東のはしは南鳥島、西のはしは与那国島です。
❷ (1)④の瀬戸内は、中国山地と四国山地にはさまれた地域で、夏と冬の季節風のえいきょうをあまり受けないため、夏も冬も降水量が少なくなります。
❸ (2)図は、低地の様子を示しています。②と③は高地で見られる農業です。
❹ (2)さとうきびがあるアが沖縄県です。

9. わたしたちのくらしと食料生産① 17~18ページ

ステップ1

①自然　②農作物　③畜産物　④水産物
⑤東北（とうほく）　⑥あたたかい　⑦すずしい
⑧牧草　⑨九州

ステップ2

❶ ①×　②×　③○　④○　⑤×
❷ (1)①りんご　②北
　　③すずしい
　(2)⑦表2　④表1

考え方 ❶ 米の生産額は新潟、肉用牛・豚の生産額は鹿児島が1位です。
❷ (1)みかんはあたたかい地域、りんごはすずしい地域でさいばいされる果物です。
(2)佐賀は九州地方にあることからみかん、秋田は東北地方にあることからりんごであるとわかります。

10. わたしたちのくらしと食料生産② 19~20ページ

ステップ1

①東北　②日本海　③季節風　④稲
⑤田おこし　⑥代かき　⑦田植え
⑧稲かり　⑨コンバイン　⑩農薬

ステップ2

❶ ①新潟　②季節風　③水
　④日照時間　⑤自然条件
❷ (1)①⑦　②⑦　③④　④⑤
　(2)⑥

考え方 ❷ (1)(2)図中の①はトラクターで土を耕す田おこしです。田おこしのあと、水を張った田を平らにならす代かきを行い、田植えをして稲を育てます。じょ草や農薬をまく作業をして稲を育て、稲かりをします。

11. わたしたちのくらしと食料生産③ 21~22ページ

ステップ1

①水　②用水路　③耕地整理（ほ場整備）
④機械　⑤少なく（短く）
⑥増（ふ）えた　⑦農業協同組合（JA）
⑧品種改良

ステップ2

❶ (1)耕地整理（ほ場整備）
　(2)①×　②○　③○　④×
❷ (1)①農業協同組合　②肥料　③病気
　　④消費者
　(2)品種改良

考え方 ❶ (2)耕地整理をすると、水田の区画が広くなり、形も整うため大型の機械を入れて作業を行うことができます。また、耕地整理の際（さい）には、用水路や排水路も整備されるため、水の管理を適切に行うことができるようになります。
❷ (2)品種改良により、その土地の気候や地形に合わせて、育てやすくおいしい米が開発されています。

12. わたしたちのくらしと食料生産④ 23~24ページ

ステップ1

①カントリーエレベーター　②かんそう
③農業協同組合（JA）　④輸送（ゆそう）
⑤費用（ひよう）　⑥直接（ちょくせつ）　⑦減って
⑧共同　⑨環境（かんきょう）

ステップ2

❶ (1)カントリーエレベーター
　(2)①かんそう　②出荷　(3)⑦・⑨
❷ (1)①④　②⑦
　(2)輸送　(3)①○　②×

考え方 ❶ (3)④カントリーエレベーターに集められた米は、農業協同組合（JA）の計画にしたがって全国に出荷されます。
❷ (3)②米の消費量は減っているため、農家は、米の消費量を増やすさまざまな取り組みを行っています。

1 (1)①ユーラシア大陸　②太平洋
(2)ロシア連邦　(3)う　(4)排他的経済水域

2 (1)①ウ　②エ　③イ　④ア
(2)さとうきび

3 (1)①ウ　②イ　③ア
(2)①○　②×

4 (1)③→①→④→②　（完答）
(2)代かき　(3)品種改良　(4)ア・エ

考え方 **1** (3)地図中のいは日本の西のはしです。あの択捉島は北のはしで北方領土の一部、いは南のはし、えは東のはしです。

2 (1)①は東京都千代田区、②は沖縄県那覇市、③は岐阜県白川村、④は北海道稚内市のグラフです。

3 (2)あの長野県は中央高地の気候で、高地では、レタスなどの高原野菜のさいばいがさかんです。②は日本海側の米づくりがさかんな地域について述べた文です。

4 (1)(2)①は代かき、②は稲かり、③は田おこし、④は田植えの様子です。

ステップ1
①暖流　②黒潮　③親潮　④200
⑤プランクトン　⑥水あげ　⑦漁港
⑧トラック

ステップ2
1 (1)①親潮(千島海流)　②黒潮(日本海流)
(2)銚子(港)　(3)大陸だな
(4)(例)魚のえさとなるプランクトンが多いから。

2 (1)①水あげ　②せり　③箱づめ
(2)漁港　(3)保冷(機能のついたトラック)

考え方 **1** (4)大陸だなは浅いため、日光が海底までとどき、海そうがよく育つほか、プランクトンが多く発生します。そのプランクトンを求めて多くの魚が集まるため、大陸だなは魚が豊富です。

ステップ1
①排他的経済水域　②水産　③輸入
④赤潮　⑤養しょく　⑥さいばい
⑦（つくり）育てる　⑧持続　⑨あみ

ステップ2
1 ①遠洋漁業　②排他的経済水域
③沖合漁業　④水産資源　⑤輸入

2 ①○　②×　③○　④×　⑤×

考え方 **2** ②さいばい漁業は、魚のたまごをかえしたあと、海や川に放流して自然の中で育ててからとる漁業です。④赤潮はプランクトンが大量に発生することで見られる現象です。赤潮になると、酸素がなくなるため魚が死んでしまうことがあります。⑤持続可能な漁業をするために、魚のとる量やとる期間などを定めて、水産資源を正しく管理するようにしています。

ステップ1
①食料自給率　②輸入　③米　④小麦
⑤地産地消　⑥輸送　⑦環境
⑧トレーサビリティ　⑨減って

ステップ2
1 (1)①米　②小麦
(2)(例)食料を輸入できなくなると、国内で食料不足になる。
(3)ア・エ

2 ①輸入　②検疫所
③トレーサビリティ　④安全に
⑤近い

考え方 **1** (2)輸入相手国で自然災害や戦争などがあれば、急に食料を輸入できなくなり、国内でその食料が不足することになります。

17. わたしたちのくらしと食料生産①～⑦ 33~34ページ

1 ①エ ②オ ③イ ④ア ⑤ウ

2 (1)①耕地整理（ほ場整備） ②機械

(2)①—イ ②—ウ ③—ア

3 (1)暖流：黒潮（日本海流）

寒流：親潮（千島海流）

(2)さいばい漁業

(3)（例）水産資源を守るため。

(4)海のエコラベル

4 (1)（例）農業で働く人の数が減り、高齢化が

進んでいる。

(2)①減って ②安い（低い）

③食生活 ④食料自給率

考え方 **3** (3)魚のたまごをかえして少し育ててから海に放流することで、成魚になる魚の数を増やし、水産資源が減らないようにしています。

おうちの方へ 工業がわたしたちのくらしをどのように支えているか、日本の工業の特徴をふまえて学びます。

18. わたしたちのくらしと工業生産① 35~36ページ

ステップ1

①機械 ②金属 ③化学

④中京工業地帯 ⑤海 ⑥太平洋ベルト

⑦大工場 ⑧中小工場

ステップ2

1 (1)①京浜工業地帯 ②中京工業地帯

(2)機械（工業） (3)太平洋ベルト

(4)（例）輸入する原材料や輸出する製品を船で運ぶのに便利だから。

2 (1)ア (2)①〇 ②× ③× ④×

考え方 **2** (2)②内陸部にも工業地域はあります。③働く人の数が300人以上の工場が大工場です。④日本は機械工業が中心です。

19. わたしたちのくらしと工業生産② 37~38ページ

ステップ1

①輸送 ②豊田 ③中京

④とそう ⑤組み立て ⑥ライン

⑦ロボット ⑧検査

ステップ2

1 ①自動車 ②輸送用

③愛知県 ④中京

⑤部品工場

2 (1)①プレス ②ようせつ

③とそう ④組み立て

(2)（組み立て）ライン

考え方 **2** (2)組み立て工場のラインでは、長いコンベヤーがあり、その上に置かれた車体が、一定の速さで動いています。作業をする人は、流れてくるいくつもの車体に部品を取りつけていきます。

20. わたしたちのくらしと工業生産③ 39~40ページ

ステップ1

①関連工場 ②船 ③港

④キャリアカー ⑤輸出

⑥現地生産（海外生産） ⑦安全 ⑧環境

ステップ2

1 ①× ②〇 ③× ④〇 ⑤×

2 (1)①イ ②ウ ③エ ④ア

(2)（例）環境にやさしい自動車をつくってほしい（というニーズ）

考え方 **1** ①自動車の部品は多くの関連工場でつくられています。③自動車の部品は、関連工場が必要な時間に合わせて必要な分だけ自動車工場に配送するジャスト・イン・タイム方式をとっています。⑤関連工場は自動車工場から情報を受け取って部品をつくっています。

21. わたしたちのくらしと工業生産④ 41～42ページ

ステップ1

①運輸　　②貿易　　③石油
④機械　　⑤集積回路（IC）　　⑥飛行機
⑦鉄道　　⑧トラック（自動車）

ステップ2

❶ (1)①―ウ　　②―ア　　③―イ
　(2)①二酸化炭素　　②時間
❷ (1)せんい品　　(2)機械類
　(3)コンピューター部品
　(4)1990（年から）2000（年）
　(5)（自動車の）現地生産（海外生産）

考え方 ❶ (2)電力で走る鉄道は、トラックや船、飛行機に比べて二酸化炭素の排出量が少なく、環境にやさしい輸送手段といえます。また、自動車などのようにじゅうたいすることもないので、時間通りの運行ができます。

22. わたしたちのくらしと工業生産⑤ 43～44ページ

ステップ1

①減って　　②中小工場　　③伝統　　④技術
⑤分たん　　⑥未来　　⑦環境　　⑧持続

ステップ2

❶ ①減って　　②増えて
　③外国　　④安い　　⑤減って
❷ ①○　　②×　　③○　　④○　　⑤×

考え方 ❶ 日本の会社が工場を外国に移すようになると、国内での工業製品の製造が少なくなり、外国で災害や事故などが発生して製品の製造ができなくなったときに品不足になるなどの問題が起こります。

23. わたしたちのくらしと工業生産①～⑤ 45～46ページ

❶ (1)② 　(2)北九州工業地域 　(3)ウ
　(4)太平洋ベルト
　(5)(例)輸入する原材料や輸出する製品を船で運ぶのに便利だから。
　(6)機械（工業）　　(7)輸送用機械
❷ (1)①イ　　②ア
　(2)関連工場
❸ (1)ようせつ　　(2)①
　(3)①（組み立て）ライン　　②ロボット
　　③人
❹ (1)①石油　　②鉄鉱石
　(2)①×　　②○　　③○

考え方 ❶ (3)内陸に発達した工業地域は、高速道路のインターチェンジや空港の近くなど、トラックや飛行機での輸送に便利な場所にあります。そこで生産される製品は、小さくて軽いものが中心になります。(5)船での輸送に便利である、という点を書きましょう。

おうちの方へ わたしたちのくらしに情報がどう関わっているか、情報を得たり発信したりすることの大切さを学びます。

24. 情報社会とわたしたち① 47～48ページ

ステップ1

①メディア　　②テレビ　　③新聞
④インターネット　　⑤ニュース　　⑥取材
⑦被害　　⑧正確

ステップ2

❶ (1)①―ウ　　②―エ　　③―ア　　④―イ
　(2)①
❷ (1)①エ　　②ウ　　③イ　　④ア
　(2)正確（な情報）

考え方 ❶ (2)インターネットは、自分で選んだ情報を得るため、マスメディアにはあたりません。

25. わたしたちのくらしと食料生産⑤〜⑦ わたしたちのくらしと工業生産①〜⑤ 情報社会とわたしたち① 49〜50ページ

⭐1 (1)食料自給率　(2)①イ　②ア　③ウ
(3)③

⭐2 (1)関連工場
(2)①余らせる(余分にもつ)　②生産
(3)愛知県　(4)現地生産（海外生産）

⭐3 ①×　②×　③〇　④〇　⑤×

⭐4 (1)①メディア　②マスメディア
③インターネット
(2)テレビ　(3)取材

考え方 ⭐1 (2)日本の食料自給率のうち、90%をこえているのは米です。小麦はほとんどを輸入にたよっています。
(3)①食品ロスとは食品廃棄物のことです。②トレーサビリティとは消費者がその食品がどのように生産されたものかを、ついせきできるしくみのことです。④品種改良とは、例えば、米などでいくつかの種類の米のよいところをかけ合わせて、よりよい米を開発することです。

⭐2 (2)例えば、災害などが起きて部品が生産できなくなってしまうと、被害のない地域の組み立て工場でも生産が止まってしまいます。自動車工場ではこのような場合に備え、同じ部品でも複数の関連工場に注文するようにしています。

⭐3 ①日本の工業地域・地帯は、太平洋ベルトとよばれる海沿いに集中していますが、これは資源を輸入することや、できた製品を輸出するうえで、船での輸送に便利だからです。
②日本は外国からも機械類を輸入しています。
⑤飛行機では、集積回路（IC）などの軽く、小さく、高価な機械を輸送しています。

26. 情報社会とわたしたち② 51〜52ページ

ステップ1
①バーコード　②POSシステム
③電子マネー　④インターネット　⑤AI
⑥情報通信技術　⑦データ　⑧ニーズ

ステップ2
❶ ①増え　②スマートフォン
③パソコン　④減って　⑤固定電話

❷ ①オ　②イ　③エ　④ア　⑤ウ

考え方 ❶ 2つのグラフから、インターネットショッピングの売り上げ額の変化と同じような変化をみせているのがスマートフォンを持つ家庭のわりあいであることを読み取りましょう。スマートフォンはパソコンと同じような機能を持つため、スマートフォンのふきゅうにともなってパソコンを持つ家庭は減っています。

27. 情報社会とわたしたち③ 53〜54ページ

ステップ1
①情報化　②モラル
③メディアリテラシー　④インターネット
⑤SNS（ソーシャル・ネットワーキング・サービス）
⑥個人　⑦フェイク　⑧流出

ステップ2
❶ (1)①正しい　②インターネット
③発信　④個人情報
(2)メディアリテラシー

❷ (1)(例)正しい情報をのせていない。
（うその情報をのせている。）
(2)①〇　②〇　③×　④×

考え方 ❷ (2)③インターネット上では、名前を名乗らずにコミュニケーションをとることができます。

28. 情報社会とわたしたち①〜③ 55〜56ページ

1 (1)①い ②あ ③う
(2)①ウ ②ア

2 ①× ②○ ③× ④○ ⑤○

3 (1)①イ ②ア ③ウ
(2)①情報 ②検査

4 ①インターネット ②本
③メディア ④正しい
⑤メディアリテラシー

考え方 **2** ①テレビがデジタル放送になってからは、クイズやアンケートに回答するなど、番組を見る側から情報を送ることができるようになりました。③スマートフォンやタブレット、ゲーム機などからもインターネットを利用することができます。

3 (2)図は、1つの病院内を情報ネットワークでつなぐことで、できることを示しています。さらに、いくつかの病院を情報ネットワークでつなぐと、患者の情報を共有することができるため、どの病院でどのような診察や検査を受けたのかを患者にたずねる必要がなくなり、むだなく、安心して医療が受けられます。

おうちの方へ 日本で起こる災害と、災害への備えを知り、環境とくらしとの関わりについて学びます。

29. わたしたちのくらしと自然環境① 57〜58ページ

ステップ1
①プレート ②地震 ③気象庁
④緊急地震速報 ⑤津波 ⑥東日本大震災
⑦耐震 ⑧かさ上げ

ステップ2
1 (1)緊急地震（速報）
(2)①イ ②ア ③ウ ④エ
2 (1)プレート
(2)②東日本大震災 ③阪神・淡路大震災
(3)津波 (4)ウ

考え方 **1** (1)気象庁は地震計を全国各地に設置しており、地震計が最初のゆれを感知すると、その後にくる大きなゆれの震度や時間を予想して、放送局や自治体などに知らせます。

2 (2)(3)2011年3月11日に発生した東日本大震災では、予想をこえる津波の発生により、多くの人がぎせいになりました。
(4)ウ砂防ダムは土砂くずれを防ぐための施設です。ア防潮堤は、津波だけでなく、高潮や大波など、海から海水が入ってこないようにするための堤防です。エ津波の被害が大きかった地域では、住宅のある土地全体を高くするかさ上げを行うことで、津波に備えています。

30. わたしたちのくらしと自然環境② 59〜60ページ

ステップ1
①降水量 ②土砂くずれ ③砂防ダム
④火山 ⑤火山灰 ⑥雪 ⑦減災
⑧ハザードマップ

ステップ2
1 (1)①ウ ②ア ③イ (2)エ
(3)（火山の）噴火
2 ①○ ②× ③○ ④○ ⑤×

考え方 **1** (1)①は土砂くずれを防ぐ砂防ダム、②はなだれを防ぐさく、③は大雨のときなどに水を地下に取りこむための施設で、それによって川のはんらんを防ぎます。
(2)①の砂防ダムが防ぐ土砂くずれは、大雨などで土地がゆるんだときに起こります。

2 ②災害に備えるための施設は公共事業として国や都道府県がつくっています。⑤の考えを減災といいます。

31. わたしたちのくらしと自然環境③ 61~62ページ

ステップ1

①2　②天然林　③人工林　④白神山地

⑤林業　⑥間ばつ　⑦バイオマス

⑧二酸化炭素

ステップ2

❶ (1)①なえ　②植林　③間ばつ

(2)人工林

❷ ①3分の2　②多い　③減って

④輸入　⑤増えて　⑥増えて

考え方 ❶ (2)人工林に対して、人の手が入っていない、自然の森林を天然林といいます。日本は人工林よりも天然林のわりあいの方が多くなっています。

❷ 日本では戦後の経済発展の中で木材を大量に必要とし、多くの木を切り、安い外国産の木材を輸入してきました。最近では、かつて植林した木がばっさいできるまでに成長したことなどもあり、国内産の木材の量は増えてきていますが、まだ輸入量の方が多くなっています。また、近年は国産木材の価格が下がっていることから、林業を続けられずにやめてしまう人も増えており、林業で働く人の数は減っています。

32. わたしたちのくらしと自然環境④ 63~64ページ

ステップ1

①公害　②神通川　③カドミウム

④イタイイタイ病　⑤水俣　⑥水銀

⑦四日市　⑧ぜんそく　⑨条例

ステップ2

❶ (1)②　(2)③　(3)①・④（完答）

(4)③　(5)①

❷ ①×　②○　③○　④×　⑤○

考え方 ❶ (5)条例は地方自治体がつくる、その自治体で守るべききまりです。⑦の環境基本法は、1993年に公害対策基本法に代わって定められたもので、環境を守ることに重点を置いています。

❷ ①油を台所に流すと、下水処理がうまくできなかったり、下水処理の施設がない地域では川や海に流れて環境汚染を引き起こしたりします。大量の油は自治体のルールにしたがって回収してもらうことで燃料として再資源化できます。④自動車はなるべく使用しない方が、二酸化炭素の排出量を減らすことにつながり、環境を守る取り組みになります。

33. わたしたちのくらしと自然環境①~④ 65~66ページ

❶ (1)①①　②②　③②　④⑦　(2)①

❷ (1)①　(2)間ばつ　(3)50年（以上）

(4)天然林　(5)白神山地

❸ (1)①—⑦　②—⑦　③—①

(2)水銀　(3)公害対策基本法

❹ (1)①①　②⑦　③⑦

(2)リサイクル　(3)持続可能

考え方 ❶ (2)津波被害をもたらす災害は地震です。

❷ (1)人工林は人の手で一度に木を植えるため、規則的に、同じ高さ、太さの木がならびます。(2)間ばつを行うことで、木と木の間にすきまをつくり、太陽の光が土までとどくようにします。間ばつをしないと地面の草が育たず、土がむきだしになって山くずれが起きやすくなり、森としての役割を十分に果たせません。

❸ (1)新潟水俣病は阿賀野川流域で発生しました。4大公害病の発生した地域や原因は問われやすいので、おさえておきましょう。

⭐ (1)①ユーラシア大陸　②インド洋
(2)赤道　(3)エ
(4)ロシア連邦

⭐ ①オ　②エ　③ア　④カ　⑤ウ

⭐ (1)北海道　(2)①
(3)①東北　②季節風　③雪

⭐ (1)①食料自給率　②高齢化
③地産地消
(2)(例)食料不足になる。
（食料の価格が上がる。）
(3)(つくり)育てる漁業

考え方

⭐ (3)日本は南北に長いため、北緯20度から46度までの広い範囲に位置しています。地図中の縦の線が経線、横の線が緯線を示していることを読み取りましょう。日本のほぼ真ん中に引かれた北緯35度の線をたどっていくと、中国を通り、地中海までのびています。この線のすぐ上に位置するスペインは、日本の東北地方とほぼ同じ緯度になります。

⭐ ①は瀬戸内の気候、②は中央高地の気候、③は北海道の気候、④は南西諸島の気候、⑤は太平洋側の気候です。

⭐ (1)生乳や野菜の生産が1位であることや、米の生産が2位であることなどから、さまざまな農業がさかんな北海道であることに気づきましょう。
(2)肉用牛や豚の生産がさかんな道県に九州の宮崎県、鹿児島県があることから、すずしい気候ではないことがわかります。高地や低地は各道県内の場所によってもちがいがあります。畜産は、牛や豚を飼うための広い土地が必要になるので、面積の広い道県でさかんです。

⭐ (2)食料の輸入ができなくなれば、国内で食料不足におちいります。

⭐ (1)ウ　(2)太平洋ベルト
(3)イ京浜工業地帯　ウ中京工業地帯
エ阪神工業地帯

⭐ ①資源　②機械　③中小工場
④現地（海外）　⑤減って

⭐ (1)①○　②○　③×　④×
(2)(例)個人が（だれでも）情報を発信できること。

⭐ (1)(例)川が短く流れが急なため、川のはんらんが起きやすい。
（※水害、土砂くずれでも可）
(2)森林　(3)ハザードマップ
(4)緊急地震速報　(5)減災

考え方

⭐ (1)表は、自動車の輸出額が最も多くなっているので、自動車生産がさかんな地域の近くの貿易港であると考えられます。地図中のアは成田国際空港、イは東京港、ウは名古屋港、エは関西国際空港、オは水島港です。このうち、自動車の生産がさかんな愛知県にある名古屋港は自動車の輸出が多くなります。アやエの空港は飛行機での輸出になるので、集積回路（IC）のような小さくて高価な品目の輸出が多くなります。

⭐ (1)③インターネットへの信頼度は、10代から20代にかけては高くなります。30、40、50代では10代、20代よりも低くなっていますが、50代から60代にかけて上がっています。④10代、20代、60代はインターネットを信頼できると考えている人のわりあいが30%をこえています。
(2)インターネットはだれでも自由に、いつでも手軽に、情報を発信することができるという特ちょうを持っています。

⭐ (1)日本の川は山から河口までのきょりが短いために、川の流れが急です。そのぶん大雨などの際にはんらんしやすくなったり、土砂くずれが起きやすくなったりします。

【写真提供】
アフロ／一般社団法人MSCジャパン／PIXTA

全教科書版・小学社会5年